子どものそばに
すべてがある

平松義樹

Everything is by
each child's side

Yoshiki Hiramatsu

はじめに

教えるとは希望を語ることであり
学ぶとは真実を胸に刻むことである

私は、ルイ・アラゴンの言葉を胸に、教師という仕事で人生を積み重ねてきた。教育の根源は対話にあると信じ、子どもや保護者、同僚と語り合ってきた。その対話の中に、いかに生きるかの探究の世界があった。

この世に「自分」という複製人間はいない。どんな名優にも真似のできない私だけの人生を、「教師」という舞台で出会った仲間と綴り、演じてきた。誰にも分かってもらえない教師の切なさ、苦しさ、楽しさを「心の履歴書」に残してきた。それを、この本に著すことにした。

あなたは、子どものためにともに泣けますか？
あなたは、子どもを信じきることができますか？
あなたは、限りある一生を教師として生きる『覚悟』がありますか？
あなたは、「自分の顔」で教育の扉を開けることができますか？

これから、私の四十三年間の「教師物語」を始めることにする。

四国の田舎教師のささやかな実践が、現代の教育界にどのような意味があるか分からない。「そんなの昔話ですよ」と気にも留めていただけず素通りされるかも知れない。「時代が違うからそういう教育ができたのですよ」というご批判をいただくかも知れない。

今も、こんな拙い記録を、本として世に出すことへの戸惑いと気恥ずかしさもある。

しかし、私の人生の師、金本房夫先生が、私に本を出す勇気を与えてくださった。「日本一の教育実践家」であると、若い時から「尊崇の念」を抱き続けてきた金本房夫先生との「であい」は、私の教師としての「すべて」であった。

この本の最後に、金本房夫先生が書いてくださった「跋」がある。まずそれをお読みいただきたい。

すべては、そこにある。

すべては、そこから始まる。


「我々の理想はもはや『善』や『美』に対する空想であるわけはない。いっさいの空想を峻把して、そこに残るただ一つの真実…『必要』！これ実に我々が未来に向かって求むべきいっさいである。我々は今もっとも厳密に、大胆に、自由に『今日』を研究して、そこにわれわれ自身にとっての『明日』の必要を発見しなければならぬ。必要はもっとも確実なる理想である。」

（石川啄木『時代閉塞の現状』より）

大島正裕『心に感動を呼ぶこの名文句』三笠書房

第一部から第四部では、平成十七年四月から九月にかけて愛媛新聞のコラムに連載された『平成坊っちゃん物語』を中心に、私の教師としての歩みを述べてみたい。この物語は、フィクションとノンフィクションの混じり合った「嘘みたいな本当の話」の世界を表出している。面白おかしく書いてはいるが、「真実」でもある。この本を手に取っていただくみなさんに、啄木の言う「必要はもっとも確実なる理想である」世界を感じていただきたいと願っている。

「嘘みたいな本当の話」を感じていただくことによって、みなさんに「確実なる理想の教育像」を描いていただきたいと思っている。

教育は光と影があるものである。この物語では、敢えて光の世界を綴ることにした。「教育の荒廃」と共に語られる苦悩する教師の問題。超過勤務、多忙感、負担感、バーンアウトなど、枚挙に暇がない。しかし、学校現場を取り巻く状況の変化が過酷であっても、多忙感・負担感を持つすべての教師がバーンアウトするわけではない。困難や課題を乗りきった時に持つ「やりがい」「成長感」「誇り」などの自らの成長を自覚できる世界もある。この物語では、あえてその世界に視点を当てて著すことにした。理論でもない、実践だけでもない、両者を往還する教育の姿は、きっと「明日の発見」につながるはずだと信じている。

コラム『四季録』の「四季」を、教師になってからの時間軸として捉え、青年教師から中堅教員へと「移り変わっていく姿」を表現している。それを感じ取っていただきたい。

この四十年間、教育について何も知らない若造時代の情熱だけは燃やし続けてきたつもりだから….。

第五部は、その時折に書いてきたエッセイをオムニバス的に集めてみた。授業論、いじめ論、学級経営論など、みなさんの課題意識に応じて読んでいただけると嬉しい限りである。

第六部は、私の講演記録をまとめたものである。全国各地で講演させていただいているが、そのときの演題が「教えること、育てること、そして、愛すること」である。漢字を組み合わせると「教育愛」になる。人間の根源にある、生きていることの懐かしさに思わず涙するような心と心が紡ぎ合った教育活動をするときの原点は、やはり「教育愛」であると信じている。

「教育愛」を私なりの表現をするならば、「『知』の術を探り、『情』の心を磨き、『意』の道を歩む、私の教師論」の教師論に帰着する。

まずは、「私の教師論」をご紹介する。

一 「知」の術を探り、「情」の心を磨き、「意」の道を歩む

これが私の教師論である。別の言い方をすれば、私が若い時から目指してきた「教育実践学」の底流を流れている基本的な考え方である。

「『知』の術を探る」とは、単なる知識の詰め込み授業から創造的発想授業を目指すということであり、「『情』の心を磨く」とは、サラリーマン教師から「汗と涙と拍手の熱中先生」への脱皮ということであり、「『意』の道を歩む」とは、「やらされる研修」から「自らが求める研修」へテイク・オフするということである。「知情意」を磨くことにより豊かな人間性を身に付けた教師になる、このことが私の目指す「教育実践学」である。教えること・育てること・愛することがバランスよく身に付いている教師こそ、子どもに寄り添える教師ではないだろうか。

実は、この考えは、第三十八回日本連合教育会愛媛県大会の第九分科会「教職員の主体的研修と養成・研修制度の検討」において発表したものである。私は四十三年間、このことを目指して教師

という道を歩んできた。

［研究発表内容］

本の題名は忘れてしまったが、岩波新書に清水幾多郎氏が次の話を載せておられた。

「敬神の思想篤い少年がいて、毎朝、ある神社の前を通る時、ペコンとおじぎをする子であった。バスに乗っても、その少年は神社前を通過する際には、脱帽して一礼をするほどだった。数日後、バスは混雑していて、その少年は入口付近に座っていたが、その日も例によって少年は、神社前では脱帽の上、目礼をしていた。だが神社前バス停から一人の老婆が乗車してきた。次の瞬間、少年はその老婆を見ると、席を譲るかわりに窓の外に目をやった」という話である。

その少年は、有名な進学校の生徒であるという。おそらく、学力・成績は小学校以来ずば抜けた頭脳の持ち主だろう。清水氏が、そんな優秀な子が、なぜ老婆にチョット席を譲る気配りに気が付かないのだろうかと疑問を投げかけるくだりである。

この話を読んで、私は二つの危惧の念を抱かずにはいられなかった。一つは私への反省の念である。「席を譲る」行為自体は、教授学的な知識体系の枠組みの中では制御しにくい行為である。こういった感情・情緒・気配りなどとよばれる心情・態度に関しては、学校教育の守備範囲外のことであると澄まし顔で教壇に立ち、無意識のうちに「窓の外に顔を向けてしまう」少年を育成しているのではないだろうかという自省である。もう一点は、そのような少年が将来、教壇に就いた場合の危惧である。あり得ない話ではないと思う。

かつて吉田松陰は『妄りに人の師となるべからず』と人の師となることを戒めた。古来から「教育は人にあり」と言われ続けている。価値の多元化がますます進み、高度情報化社会に突入する二十一世紀という時代に生きる、人間性豊かなたくましい子どもを育てるための教師の資質とは何かについて短見を述べてみたい。

二『未来社会からの挑戦』と教師の資質・能力

教育は未来に生きる人間を育成する未来志向的な営みである。そのため、常に「未来社会」を見据えた長期的展望が必要とされる。臨時教育審議会第二次答申（昭和六十一年四月二十三日）も指摘しているように、教育活動に携わるであろう教師には、子どもたちの可能性を探り、将来遭遇するであろう危険や問題に主体的に挑戦していく能力を洞見し、未来社会の要請する資質を磨き、能力を向上させるための深い洞察力と育成理念が要求される。

周知のとおり、近代工業文明の成長・発展は、人間社会に物質的豊かさを保障した半面、人間を取り巻く諸環境の変化・破壊を誘発した。教育の分野では、昭和三十年代からの高度経済成長期に教育投資論（Manpower Policy）が展開され、その結果、上級学校への進学率の急増は、昭和三十七年の教育白書『日本の成長と教育～教育の展開と経済の発達～』において一瞥することができる。教育が『社会的要請』の一手段と化してしまった現象である。学校は画一化・閉鎖化・硬直化の道を歩み、学歴偏重、極端な管理教育が横行することになる。三無主義のサラリーマン化したデモシカ先生が、限られた時間に学習内容を詰め込む教育は、この時代の産物にほかならなかった。低経済成長期（The age of Slowdown）の現代の教育荒廃現象は、成長の時代に教育の不易性を追求し、模索し、実践しようとしなかった教師の資質・能力にその根源があるといえよう。

臨時教育審議会第二次答申では、第三章第三節に教員の資質向上策として、教員養成・免許制度の改善、採用の改善、初任者研修制度の創設、現職研修の体系化の四点を挙げている。教育荒廃の現況を打破するため、まず教師への抜本的な問い直しから始めようとしている。こうした動きは、教師集団の意識の内部にも醸成されつつある。例えば、昭和六十年十一月の全日中山形大会では、教員資質の向上策が議論されているし、同年十一月の全連小の校長を対象にしたアンケート調査においても、教育改革の最優先課題は教員の資質・能力の向上であるとしている。

わが国において、教員の質が問われ始めたのは、昭和三十三年の中央教育審議会の答申、昭和四十一年のユネスコ『教員の地位に関する勧告』であるが、教職の専門職の内実性を指摘した本格的なものは、昭和五十三年の中央教育審議会の答申『教員の資質能力の向上について』であろう。これによると、教師の専門職性を①教育の理念や方法に関する理解、②人間の成長や発達に関する専門的理解、③教科の内容に関する専門的な知識、④教育実践力・教職の使命感や教育的愛情、⑤生徒の教育に対する責任、と規定し、教員の資質・能力の向上は「教員の養成・採用・研修の過程を通して実現していく」ことが勧告されている。

中央教育審議会の答申から現在まで、少なくとも教員の資質向上を図るための努力が払われてきたはずである。それにもかかわらず、今、なお敬愛される教師のモラルは樹立されておらず、非社会的・反社会的問題が後を絶たず、教師への不信感は増すばかりである。未来社会からの挑戦であり、警鐘でもある教育荒廃の現状を真摯に受けとめ、組織的・計画的に教員の資質向上策を練る必要がある。小手先だけの皮相的な教育制度の改革では、もはや用をなさない状況に陥っているのである。

三　『教師であることの勲章』を求めた私の教師論

自然との触れ合いの喪失、直接経験の減少と間接経験の肥大等、子どもたちは物心両面の健康が脅かされている。過去、私は時代や社会の変化に対応した教師像の変化はあるだろうが、いつ、いかなる時代にも変わらない不易なる『教師の構え』があると信じて、ささやかながら実践してきた。私は教師十年目にして、それが教師の専門性・指導性としての『知』、教育愛としての『情』、創造的研究を継続していく『意』の三つに規定されるのではないかと感じ始めている。

(一)『知』の術を探る〜「詰め込み授業」から「創造的発想授業」への転換

①社会科四年『立待堰』（昭和五十八年十月ＮＨＫ教育テレビ『教師の時間』で放映）

・教科書等の既成の教材を教授するのではなく、「水」をテーマに単元構成をし、立待堰の補修・管理作業を直接体験することを通して、先人の努力や知恵にアプローチさせる授業。

②社会科四年『雪とのたたかい』（昭和五十八年十一月松山市初任者研修模範授業）

・雪を闘う対象として理解させることは、南国松山では困難である。そこで新潟県上越市大町小学校の四年生と交流し、手紙の交換によりその記述から『雪とのたたかい』を実感させた授業。

③社会科六年『太平洋戦争』（昭和六十年十月文部科学省科学研究Ｂ奨励研究入賞）

・地域の墓地調べ（戦死者の実態）から学習問題を設定し、その課題別に学習のコース化・個別化を目指した授業。目標の到達度をパソコンで分析。

(二)『情』の心を磨く〜「無関心・無感動のサラリーマン教師」から「汗と涙と拍手の熱中先生」への変身

①石墨トレーニングシャツの創造（昭和五十三年愛媛県教育研究協議会入選論文）

・Ｔ子は四国山地の奥深い谷あいにあるへき地三級地の四年生。両親は土木作業員。毎朝六時に家を出、夜八時過ぎに泥酔して帰宅する生活。食事は自分で。冬季の積雪は二十センチ。風呂がない。犬や猫と一緒の生活。パンツの重ね着。体臭が悪化。問題行動へ。タオルのシャツを創作。これを使って洗濯の習慣化を図る。仲間づくり。いじめの解消。

①バレーボールを通して人間づくり（昭和五十九年ライオンカップ全国大会出場）

・部活動を通して汗・涙・称賛の拍手の心を育てる。昭和六十年。松山選抜チームの監督として沖縄市とスポーツ交流。NNN全国ニュースで「熱中先生」として報じられる。

段階	研修名	期間	『知』の術を探る	『情』の心を磨く	『意』の道を歩む
第一期	教員養成から初任者研修	10年	・教授方法 ・教材研究 ・教育評価の研究	・生徒理解・指導の研究 ・学級経営の研究 ・カウンセリング論研究	・一般的な各種教育論の習熟 ・本を読む
第二期	教員のための大学院研修	2年	・ふりかえり ・自己の教授論	・リーダーシップ論	・専門性の研究
第三期	中堅教員研修	10年	・一人ひとりをみつめた授業研究 ・個別化と楽しさ	・生徒理解・指導の応用的実践 ・学年・学級経営の研究	・自己の専門性の追究 ・自己教育力の育成・向上心
第四期	一般企業での研修	1年	・みとおす ・自己の教授論	・人とつきあう法 ・人間関係論	・一般性の追究
第五期	管理職研修	退職まで	・未来人を育成するための学校の社会的機能の理論研究	・学校経営の研究 ・PM理論 ・近代化・効率化の研究	・幅広い専門性の研究 ・人間育成のための哲学の確立

②歌・学級新聞づくり（昭和六十年旺文社メモリアル、二千点の中で準優秀賞）

・日常活動を記録させ、新聞・通信づくりに熱中させる。表現方法の上達（子規記念俳句大会四年連続特選）のみでなく、学級内の問題に子どもがメスを入れるなど、仲間づくりに効果的なことを証明。

(三)『意』の道を歩む～「受動的研修」から「能動的研修」へテイク・オフ

①兵庫教育大学大学院での研修と学会での研究発表

②文部科学省研究B奨励研究に指定

③下中記念科学研究論文優秀賞受賞

④明治図書『社会科教育』等での社会科教育論発表

⑤松山市パソコンソフト開発研究員

四　提言：教員のライフステージと研修課題の対応

イギリスの古典学者ブラッキーは「真の知識の泉は、経験であり、思索であり、感情であり、また、行動である」という名言を残している。教員の資質・能力の向上策は、究極的には、教員の養成・採用・研修の過程で、教員が主体的・能動的に、いかに多くの経験を積み、思索を練り、感情を体験し、実践的行動力を身に付けるかにかかっていると考える。換言すれば、『知』の術を探り、『情』の心を磨き、『意』の道を歩むための心構えができているか否かということである。教員は教職歴に応じて職能成長し、職能分化していくものである。このため教員にはライフサイクルの各段階ごとに、その職務遂行に必要な専門的知識・技能等の力量が要求される。この力量形成のため、私はライフステージごとの研修課題を明確にすることが急務であると考える。

詩人李白は「天、我が材を生ずるは必ず用有り」と述べている。教員一人ひとりがこの精神で研修活動へ意欲的・創造的に取り組むことこそ、失墜しつつある教員の信頼を回復させ、教員の資質・能力を向上させる唯一の手立てであると、私は考える。

目　次

第四部　仕事は高貴なる心の栄養だ

―愛媛県上浮穴郡面河村立石墨小学校時代（へき地三級校）―

第一部

青春の夢に忠実であれ

――シラー

大島正裕　『心に感動を呼ぶこの名文句』　三笠書房

第一回「坊っちゃん、教師になる!」(四月四日掲載)

昭和五十一年四月。私は、今は廃校となっている面河村立石墨小学校に新規採用教員として赴任した。全校児童二十七名、へき地三級の極小規模の学校である。松山生まれの松山育ち。大学時代も親元から通っていたため、炊事、洗濯まるでダメ。その坊っちゃんが、この四国山地の奥深い山里に「新米教師」として赴任したのである。

三坂峠を越えるまでは、まだ快適なドライブ気分。久万《くま》町辺りから雲行きが怪しくなり、畑野川《はたのかわ》を過ぎる頃は「不安」が現実となった。直瀬《なおせ》からの山道に入るや否や、数十年はタイムスリップしたと考えられる道行く光景に度肝を抜かれてしまった。

確かに、坊っちゃんは度肝を抜かれていた。

時間をどれほど費やしたことだろう。

鬱蒼とした暗い山道が急にパッと開けて、山の中腹にポツンと小さな学校が現れた。地元の人が昔から愛でてきた名物の石墨桜が五分咲きで迎えてくれた。その桜の下での早々の歓迎会。熱燗徳利なんてほんの数分。コップに冷酒の宴会ショー。

「まあこんな山奥によく来てくださったなあ。」

と古老の差し出すコップはただ一つ。

飲めないお酒を正座してうやうやしく頂いていると、

「先生、早よ、返杯してくださらんか。」

これにはまいった! 一人数回杯を交わし、これが次から次へと…。

こんな山奥に、こんなに人がいたのかと錯覚するぐらい。その後は、自然の摂理。坊っちゃんは酩酊の上、我を失い、「記憶にございません」の世界に。

翌日の職員室。

「君、もっと酒の飲み方を勉強しなさい。」

と上司に一喝。

「はい。以後気を付けます。」

着任早々の大失態。

ところが、ところが、である。棚から牡丹餅的展開。「今度来た先生は、わし等の杯を真面目に受けてくれた。いい先生や。」との噂が流れ、なんと、一夜にして、「いい先生」に。人生、ああ不可解！

四月は、出会いの季節。「飲む」の漢字を分解すると、「人を良くするのに欠かせないもの」となるそうだ。この時期、酒に飲まれることなく、適度なノミュニケーションを。

そうだ！　今日は四月三日。お花見。「石墨桜を思い出して、今夜は久しぶりに花見酒と洒落込もう」と準備をしかけると、「昨日も同じ台詞だったよね。」と隣にいる娘。

第二回「花にもいろいろありまして…」（四月十一日掲載）

坊っちゃんは六年生五名の担任となった。

「学級びらき」の前の日、坊っちゃんは興奮して眠れなかった。

「一体、明日は、どんな話をすればいいのだろう？」

なんせ先日まで「学生」を謳歌していたのである。それが、一夜にして「先生」の立場に大変身。どんな新米であろうと世間様からは「先生」と敬称で呼ばれる。これはすごいことなのだ、と坊っちゃんは考えた。未熟な子どもたちが成長する過程で、教師の影響は計り知れないものがある。時には人の人生を左右しかねないこともあるかもしれない。だから世間ではだれもが自然に「先生」と敬称を付けるのだろう。

自分にそんな力があるのだろうか？

「みだりに人の師となるべからず。真に教えるべきことありて人の師となり、真に学ぶべきことありて人の師とすべし」

あの吉田松陰の『師道論』の一説が浮かんできた。自分に「師」としての資格があるのかどうか。この場に及んで不安が増長。小さい時からなんとなく教師に憧れ、なんとなく教育学部を選び、なんとなく「先生」になって初めて経験した不安であった。

その不安を山の子たちはいっぺんに吹き飛ばしてくれた。

「えー、今度、この学校でお世話になる…。」

と言いかけると、

「先生、いい先生らしいね。うちのじいちゃんが言いよった。」

「うちもよ。」

人の話を聞くどころか間髪を入れぬ子どもたちの発言。

「あ、ありがとう。これからよろしく、ね。」

それで終わり。後は、旧知の友のようにわいわい、がやがやの秩序なき「学級びらき」。

山の子の人懐っこさに救われた。

坊っちゃんは、この日、学級通信第一号を出した。Ｂ４判の用紙一枚。もちろんガリ版刷り。慣れない鉄筆片手に、夜、遅くまでかかって書き上げた。

「春四月、人は桜だけを愛でるけれど、すべての花が春にのみ咲き誇るのではない。夏の向日葵、秋のコスモスだってある。四季それぞれに輝く花があるように、人生のそれぞれの季節に輝ける子どもに育てます。」

と記しておいた。

子どもは一人ひとりみんな違った存在。この当たり前の事実の認識から出発しようと考えたのである。これが、またまた保護者に好評。

「であい」の印象は一年間を左右する。学級通信を出すのなら、まずは初日から、である。

第三回「参観日、ピアノ止まる！」（四月十八日掲載）

「平松君、君の一番苦手な教科は何かね。」

老紳士の校長が、分厚い眼鏡の奥底から覗きながら聞いてきた。

「はい、音楽です。」

「そうか、それなら今度の参観日は音楽の授業をやりなさい。」

「ウへェ～そんな…。」

免許状取得の関係で、半年だけピアノをさわったことはあるものの、ブルグミュラー程度のお粗末なレベル。伴奏なんて夢のまた夢。しかしここは上司の職務命令。

「はい、分かりました。やってみます。」

早速、その日から、猛特訓が始まった。勤務後、すぐに音楽室に直行した。もちろん、教えてくれる人はなし。音とりのそのたどたどしい怪しげな音は、深夜遅くまで鳴りやまず、山深い谷間に響いていった。校舎のそばに居を構える同僚の先生方は、きっと安眠を妨げられたに違いない。これは確か？

やがて、その日はやってきた。

猛特訓の成果が上がり、なんとか最後まで両手で弾けるようになった。しかし自信はない。「今度の先生は、いい先生みたい。」という虚像を壊さないためにも、なんとかこの音楽の授業を成功させたかった。

「はい、それでは、今日は、お母さんたちに、『グリーングリーン』を聴いていただきましょう。

「元気に歌いましょう。」

と言って、ピアノに向かった。

その途端、指が震え始めた。何度か手を擦り合わせて震えを止めようとしても止まらない。ここで止める訳にもいかず、意を決して伴奏を始めた。

うん、調子がいいぞ。案外、合ってるじゃないか。出だしは最高！　そう思った途端、いつも弾けていたフレーズで指が止まった。頭は真っ白。どうしてしまったのだ。パニックで我を失った…。ふと気が付くと、伴奏が止まっているのに子どもたちはアカペラで続きを歌っている。なんてことだ。やっとのことで最後の四小節から伴奏を入れることができて歌が終わった。

その途端、保護者の方々から熱い拍手が沸き起こった。子どもたちが「先生、上手かったよ。」と励ましてくれた。その温かさがたまらなく自然に涙が出てきた。保護者は苦手なピアノ練習のため、坊っちゃんが毎晩遅くまで練習していたことを伝え聞いていたのであった。音楽の授業は大失敗だったが、子どもたちや保護者に支えられた生涯最高の参観日であった。

ピアノ伴奏の技量が高いことに越したことはない。しかし、できないことにもチャレンジしようとする坊っちゃんの後ろ姿に、子どもたちはいつの間にか学んでいたのである。

第四回「家庭訪問奮戦記」（四月二十五日掲載）

今日は、Y子の家庭訪問の日。

坊っちゃんは給食を終えてY子の案内で学校を出発した。竹の杖を持って長靴姿の出で立ち！

この時期、この地域にはハメ（蝮）がよく出る。Y子は、山あり谷ありの小道を小躍りするように進んでいく。鳥の囀り、野に咲く小さな花々、小川のせせらぎ。遅い山里の春ではあるが、確かに季節は移り変わっていた。

Y子は、いつもの通い慣れた小道の自然を案内するのが嬉しいようである。

「先生、これイタドリ。赤くなると食べられるんですよ。」

満面の笑みで「自分の世界」を語るその顔は、教室で見せるいつもの表情とは明らかに違っていた。子どもたちはいろんな顔を持っているんだ。坊っちゃんは改めてそのことを確認した。

その時である。

「うわァ～、蛇だ！」

坊っちゃんは真っ青になって数メートル後ずさりした。二メートルはあろうかという大きな蛇が、坊っちゃんの許可なく突如現れたのである。こんなに大きな蛇が、こんな、にわかに、坊っちゃんの心の準備もないまま唐突に出現したのにはまいってしまった。言葉もなくそこにたじろいだ。

「先生、大丈夫。蝮じゃないから。」

Y子は平気な顔で笑っている。

「この蛇は、次郎っていうんですよ。

いつもこの辺りで迎えてくれるんです…。」

そんな馬鹿な。しかも蛇に名前を付けているなんて！　この感覚は、坊っちゃんの生きてきた世界をはるかに超越した別世界の物語だった。

いくつ山を越えただろう。いくつ谷を越えただろう。何匹の蛇に挨拶したことだろう。一時間

三十分かけてやっとのことでY子の家に辿り着いた。

「こんにちは。私は今度Y子さんの担任をさせていただく…。」

「先生、堅苦しい挨拶はいいから、早よう上がって。」

なんとそこには、Y子の両親どころか祖父母、親戚の叔父さん、隣のおばさんまでいるではないか。しかも、卓上には、山菜料理やお餅が所狭しと並んでいる。Y子の父親が、

「遠い所まで大変じゃったのう。喉が乾いたやろう。まずは一杯。」

と、ビールをコップに並々と注いだ。

これまた坊っちゃん、度肝を抜かれた。最初は固辞していた坊っちゃんも、そのうちこれがこの地域の風習であり、長年続いている「伝統」であることを察知し、仕方なく（?）慣わしに従った。

「先生、今日は泊まっていったらいいがな。」

その言葉に、坊っちゃんは自分が浦島太郎の世界にいるのではないかと錯覚した。先ほどの小道を、一人で蛇と戦いつつ帰るのか、それともこの「竜宮城」で一泊するのか。その選択に悩み苦しむ坊っちゃんであった。

第五回「これぞ授業の真髄か?」(五月二日掲載)

「何か困っていることはないかね。」

また、あの老紳士が語りかけてきた。何かある! 腹の底に響く重厚な声。

「授業が…。」との言葉に、間髪を入れず、

「毎日、指導案を書いてごらん! 見てあげる。」

と老紳士。

「ごらん」なんて上品な言葉の魔術にはまり、

「分かりました。」

と、いつものお人よし。

こんな山の学校でも町の学校と同様の校務分掌がある。毎日提出書類で右往左往の坊っちゃんは、日々の授業に悩んでいた。薄っぺらい教科書なんてほんの数分で終わってしまう?「分数の割り算は、逆数を掛けたら答えが出るんだ。」理屈抜きの授業にも、山の子たちは大満足。でもどこか変? もっといい授業をしたい! その思いが、あの声の魔力でついに開花。その夜

から、指導案作りに勤しんだ。大変な作業ではあるが、翌日の子どもの反応を想うと楽しくさえ感じられた。

県の教育委員会の訪問日に坊っちゃんが授業公開をすることになった。学級会、事前の授業研究ではさっぱりな坊っちゃん。それを見かねた教頭先生が子どもを指導。お見事なり！

やがて、その日がやってきた。ごっつい顔の指導主事さん。

「ただ今から、第七回学級会を開きます。」

議長B男の開会宣言で授業が始まった。

「今日の議題は、雨の日の過ごし方です。」

坊っちゃんは、いつもと違う子どもたちの様子に目を細めていた。

「A男はいいこと言ったな。C子の反対意見は面白い…。」

と、まるで他人事。時が過ぎ、B男が、

「最後に、先生、何かありませんか？」

不意なるカウンターパンチ。自分が指導者であることをすっかり忘れていた。狼狽した坊っちゃんは
「今日はいい話し合いができたね。集会室をみんなで仲良く使おう。先生も一緒だよ。」

と、話すのがやっと！

あとの講評会。指導主事さんの顔が柔和！

「今日は、まれにみる優れた授業を見せていただいた。」

と絶賛の誉め言葉。

「Why?」子どもたちの話し合いに、坊っちゃんが全く口を挟まなかったというのが、その理由らしい。「このような学級会こそが、子どもの自主性を育てることになる。」坊っちゃんは、気恥ずかしくてたまらなかった。子どもたちに見惚れて口を挟めなかっただけなのに！　でもなんとなく「授業」というものが分かってきた。「子どもが主役」これこそ授業の真髄なのだ！　指導案づくりは、その後、一年間休むことはなかった。

「平凡なことを、平凡に毎日実行することを非凡という。」（アンドレ・ジッド）

第六回「この子のために、私がいる！」（五月九日掲載）

「先生、Aさんのそばに寄るとくさいんです。」

ある日のB子の日記である。

坊っちゃんも、着任以来、このことがずっと気になっていた。A子が教室に入ってくると、息ができないほどの強烈な匂いが充満する。A子はその鼻を突く体臭のため、みんなから嫌われ仲間外しにされていた。嘘をついたり人のものを盗んだりするために、みんなの信頼は全くなかった。こんな山の学校にもいじめはあった。

A子には両親はいるが、子育ては学校任せ。松山での日雇い労働のため、早朝から深夜まで不在である。しかも毎晩酔っ払っての帰宅。A子の居場所はどこにもなかった。この地の冬の寒さは厳しくマイナス五度なんて当たり前。A子はその寒さに耐えるため、パンツを何枚も重ね着し、猫を抱いたまま寝ていたのだった。その服のまま登校するから、体臭ははるかに「常識の域」を超えていた。

その当時、坊っちゃんは人生の岐路に立っていた。法務省高級官僚か田舎教師か。幸いにも上級試験合格者には就職猶予制度があったため、「教師」をちょこっと経験してから東京へ！　なんて安易な気持ちのままで、この地に赴任してしまったのである。が、やはり迷っていた。

ところが、A子と出会ってしまったのだ。

「この子を放って東京には行けない！」

なんか浪花節的な、聞き方によれば押し付けがましい美談（？）ではあるが、坊っちゃんは、そのとき「運命」を感じてしまった！　人生を左右する「運命」を！

A子の問題は個人的な問題だが、仲間外ししている他の子どもたちの心も耕す方法はないか？そういえば、この学校には顔を洗わなかったり歯磨きをしなかったりする子が多い。基本的な生活習慣を身に付けさせることで、A子の体臭といじめを解消していけばいい。

何か行動に移せる手立てはないか？

ある。ある。汗ふきタオルを使えばいい。

体育時の汗ふきタオルを生かそう。坊っちゃんたちは、このタオルを半分に切り、頭から被るトレーニングシャツを発明した。このタオルシャツを、体育時に着用させ、皮膚摩擦をし、洗濯の習慣付けをさせたのである。

予想通り、このシャツは子どもたちの人気となり、A子へのいじめも次第に解消していった。

それと同時に、坊っちゃんの心からも、人生の「選択」の迷いも消えていった。

江戸時代の儒学者である佐藤一斎の、

「春風をもって人に接し、秋霜をもって自らつつしむ」

の言葉が響いてきた。

「よし、教師をやろう！　春風をもって子どもと接することのできる日本一の田舎教師になってやろう！」

★　第六回「この子のために、私がいる！」との関連資料
【愛媛県教育研究協議会公募論文入選】（昭和五十四年十一月『愛媛の教育』九十七号掲載）

実践論文「へき地教育──生活指導における石墨試行とその課題──」

はじめに

人は皆、美しいものを愛し、清らかなものを好む性向があるはずである。だが、情熱的な教育愛に充ちあふれた教師であっても、日頃のすべての児童との営みの中で、すべての児童に同等に愛を向けられるかと問えば、躊躇せざるを得ない時もあるだろう。人間の心とは、そのようなものであり、また、それも許容されるだろう。しかし、他人への多少なりとも悪い感情を、自己の意識の中で醸成したり、保持したりし続ける限りにおいては、寛容なる心において許容されるであろうが、一歩、自己の意識の範囲を出るや、それは他人への蔑視、人権侵害という一種の道徳的悪に変身すると考える。

「先生、Tさんのそばによると、とってもくさいんです。今日なんか、体育のフォークダン

スの時、手をつなぐのがいやでした。」

昭和五十一年十一月十二日、S子の『あゆみ』（日記）の中の一文である。

私たちは、このS子の『あゆみ』に衝撃を受けた。それは、私たちが本校へ赴任して以来、胸中に抱いてきた心の内を、明瞭に代弁してくれたものに他ならなかったからである。S子の心は、歪んではいない。

「君たちは、心に浮かんだまま、ありのままを素直にあゆみに書けばいいんだ。」

そう私たちは言い続けてきたのである。

私たちは、教師力のなさに赤面しながらも、T子のような状態に陥らざるを得ない、何らかの地域的・家庭的要因があるのではなかろうかと、さっそく行動を開始した。今から、ちょうど三年前である。

本論文は、仮説検証型の教育論文ではなく、むしろ報告文の範疇に位置付けられよう。仮説検証型に集約された教育論文は、仮説を設ける時点で、自己の主観が挿入されており、論証されるデータや資料分析は、自己の仮説の正当性や妥当性を裏付けようとする欠陥に陥る傾向が見られる。ある者は「実践報告文の方が主観に左右され、妥当性・正当性を欠いた論文になりがちなのではないか。」と主張する。確かに、そういう見解もある。しかし、逆説的に考えてみると、仮設検証型の論文は、数のマジックに幻惑され、数の背景を見失いがちであるのに対し、実践報告型のそれは、教師の生き方、考え方が真摯に論じられる限り、裸の、生の実践を報告する中で、教育の真実性がより多く含まれているものと確信しているのである。

一　児童の実態とそれを取り巻く環境

ア　石墨校区の概要

本校は、面河村渋草地区から約十キロメートル、久万町から約二十キロメートル、石墨山の南、標高七百二十メートルに位置する児童数十八名の小規模学校である。児童数の動向は上浮穴郡の他町村と同様、減少の傾向にあり、昭和五十年に三十三名在籍していたが、昭和五十一年には二十七名、昭和五十二年は二十一名、本年度は十八名と、その傾向もかなり厳しいものがある。

本校区内には、老人の別世帯や校区外居住世帯を含めても、わずか七十九世帯しかなく、人口は男性百七名、女性百二十五名、計二百三十二名の極小地区であり、人口構成もひょうたん型であり、働き盛りの二十から四十歳代の青壮年層が極めて少ない。

児童の保護者は、在籍児童家庭全数十三世帯中一世帯のみ団体職員であり、他は、すべて農業を営んでいる。しかし、その耕地平均面積は四十アール前後と狭小であり、しかも、多数の土地が山あいの各地に点在している極小零細農業である。そのうえ、十アール当たりの収穫は八俵と（四百八十キログラム）前後で、平野部の十俵（六百キログラム）前後とでは、比べものにならない。労働生産性も多くを望めない本校区の人たちは、農業外収入にその生活の糧を求めているのである。しかし、山間地ゆえ、他産業への道は途絶えており、そこで日雇い労働、いわゆる『土方』に生活資金を求める家庭も多い。十三世帯中十二世帯までが土方をしているのが現状である。

イ　家庭環境

「朝おきると父ちゃんらはもうはたらきに行っていた。ねぇちゃん（小六）が『ちい子（小三)、はよせんと学校におくれるよ。』と言って、ふとんをはいだ。ねぇちゃんと二人でごはんを食べ、戸じまりをして学校へ行った。」

家庭に母親がいて、朝やさしく起こし、温かい味噌汁で食事をし、笑顔で送り出してくれる。また、学校から帰ると「おかえり」の言葉があり、おやつを食べながら学校の出来事をいろいろ聞いてくれる都会の家庭生活はこの子たちにはない。

児童は、毎朝、自分たちで身仕度をして学校へやってくる。学校の給食が待ち遠しいらしく、美味しく食べる。中には朝食をとれないまま、学校へやって来る者もいる。一校時中におなかを鳴らす児童もいる。学校から帰ると、すぐに田畑の仕事、そうじ、牛の飼い葉(食事)、夕飯づくり、それに彼らの本分である勉強と、強行スケジュールが待っている。彼らは、そんな生活に一言も文句を言わない。

だが、

「母ちゃんへお願い。一日でいいから家にいてほしい。」(Y子の「あゆみ」)

「母ちゃんは、こないだやけどをした。きのうも『足がいたい、いたい。』と言って苦しそうだった。それでも土方に行った。からだをこわすといけないから、休んでほしい。」(N男の「あゆみ」)

彼らの悲痛な叫び声である。年間日雇い労働日数は百五十日から二百日を超える。農繁期は過重な農業(機械化できない)に従事し、農閑期は、ほとんど毎日土方に出かけているのである。朝六時頃から夕方七時過ぎまで、本校区の人たちはよく働く。

この子たちに、私たちは、『くさい』がゆえに、「毎日風呂沸かして入れ。」「石けんでよく磨け。」「パンツを毎日替えなさい。」と教育者らしい指導をしていた。明らかに、これは教育ではない。何ら効果の上がらぬままの毎日であった。だが、S子の「あゆみ」が、私たちの引き金を引いた。私たちは、子どもの実態をよく知るため、実態調査から始めた。

ウ　衛生状況

児童の実態把握のため、私たちは、アンケート調査（省略）と児童一人ひとりとの面接を実施した。

調査の結果、風呂に一週間以上入っていない者がいたり、黄色いパンツの重ね着をしたり、顔を洗わなかったり、歯磨きをしていないどころか、歯ブラシを持っていない者さえいた。さらに風呂はあるが、破損していたり、戸がなくて入れない者もいたのである。私たちは驚異に感じられた。しかし、その反面、児童の自分を取り繕わない素直さに心打たれた。

「両親多忙、親は生活上、やむなく土方に行っている。親にできない衛生習慣を少しずつでも身に付けさせてやろう。」

私たちが、そう決心したのは、昭和五十二年二月であった。

二　石墨トレーニングシャツ発明

ア　トレーニングシャツのできるまで

「創造性は、だれにでもある。」しかも、それは日常生活のとりとめもない中に、創造性を引き出す起爆剤が内在しているように思える。私たち教師は、児童に創造性を要求する前に、私たち自身がより創造性のある人間にならなければならないだろう。

石墨トレーニングシャツ（以下、タオルのシャツと呼称する。）は、実に単純かつ稚拙な発想から生まれてきたものである。

私たちは本校に赴任して以来、体育時に『汗ふきタオル』を用意させ、身体の汗をよく拭き取る習慣形成を目指してきた。しかし、このタオルは、一週間ずっと置きっぱなしのものがほとんどであったため、実に不衛生なものであった。自分で洗濯できる者は、わずか四名しかいない。そこで、このタオルを学校で洗わせて、洗濯を習慣化させ、日常生活の衛生面に目を向けさせようと考えた。

また、本校児童は冬期には厚着をよくする。中には八から九枚も重ね着をする者もいるのである。しかも、洗濯した下着と取り替えないで、汚れた下着の上に下着を重ねる者もおり、そのためか冬期にカゼで欠席する児童も多い。この点が以前から問題視されていた。私たちの注意もここに注いだ。

そこで、着衣の一大改革を決断し、厚着をさせないために、夏期から徐々に薄着に慣れさせることにした。薄着の習慣化に最も効果が上がるのは、体育の時間であると考え、皮膚摩擦をさせるとともに、トレーニングシャツの見直しをした。

「薄くて、汗をよく吸い取る何かいいものはないか。…ある。…汗ふきタオルをトレーニングシャツにすればよい。タオルのシャツであれば、洗濯の習慣形成にも最適である。」

このような発想のもとに、タオルのシャツは生まれてきたのである。したがって、その目的は、

○児童の衛生についての意識の高揚を図ること

○児童の基本的生活習慣を形成すること

すなわち、自分で洗濯することができるとともに、清潔な衣類を着用する時の気持ちよさを味わわせ、その気持ちが、他の衛生面について転移するような態度と実践力を身に付けさせ、生活改善をするという考えが根底に流れているのである。

昭和五十二年四月八日の始業式に間に合うように、私たちはミシンの音を鳴らし続けた。その結果、試験的着用として、三年生以上の児童にそれぞれ二枚ずつのシャツを配布することができた。

イ　使用状況

新しい事柄を始めるには、十分な検討に裏付けられた勇気と決断と努力が必要である。そして必ず、それに関する賛否両論の批判が付帯するのが常である。

私たちは、タオルのシャツの功罪を慎重に検討した上にも、なお、試験的使用の期間を設定し、洗濯が可能であると思われる三年生以上を対象に、約一ヶ月間使用し児童の状況によって判断を下すことにしていた。

ところが、使用開始以来、一週間も経たない間に、二年生の父母が見よう見まねで各家庭で作成し、六名全員が着用するようになった。児童自身も高学年に交じって、洗たくをし始めたので、全校使用が可能であると考え、全児童使用にふみ切った。

児童は、まず、体育の授業前、自教室で着替えをし、タオルのシャツをアンダーシャツにし、市販の体操服を着用する。季節及び天候条件にも左右されるが、ほぼ準備運動が終わった時点で自主的に市販の体操服を脱ぎ、タオルのシャツで体育の授業を受ける（もちろん、運動内容によっては異なる）。本校の場合、学校経営上（複式授業、交換授業等）体育科を第六校時に設けているので、体育終了後、児童はタオルのシャツで身体を擦り、入浴回数の少なさを少しでもカバーする。時には、洗髪することもある。その後、各自で洗たくし、校庭にあるロープに干す。天候の良い時などは、児童が下校するまでにすでに乾いて着用が可能である。初期の段階では、それだけであったが、一ヶ月もすると、靴下や靴も洗うようになった。また、最近では、児童の方から着用をせがむようになり、集会活動及び特別活動などの時も着用するようになっている。

タオルのシャツに対する児童の意見は次のとおりである。

「タオルのシャツ」　　三年　木山　省二
タオルのシャツはいいなあ。風がはいると気持ちいいし、ふつうの体そう服だと、体にぴったりくっついて暑い。ことしの夏、ぼくはこげました。こげたということは、体がじょうぶになったことだと思います。これもタオルのシャツのおかげかなあ。
おとなは火の子。子どもは風の子というけどお母さんはタオルのシャツだと寒いといいます。でもぼくは、着ていて少しも寒くないのです。スポーツもよくできてタオルのシャツはやくにたつのになと思います。

ぼくは、タオルのシャツを着て、うんと体育をがんばって、しょうらいは王せん手のようにスポーツマンになりたいです。

「タオルのシャツ」　四年　中川真奈美

タオルのシャツは、風とおしがよくて、早くあせをすいこんでくれるので、せ中も冷たくありませんが、青い体そうふくは風とおしもよくないし、あせをあまりすいとってくれないので体そうをしていても、気持ち悪いです。

今年も、先生が作って下さったのでタオルのシャツは、四まいにもなりました。

あせをかいたら洗面器で洗たくします。みんなが楽しくあらうので、私はこの時が一番うれしくなります。でも、青い体そうふくだったら一まいしかないので、あせをかいてもすぐには洗えず、一週間そのままなのです。

また、タオルのシャツは体をこがしてけんこうにもしてくれます。体が黒くなって元気になります。

でも、少しのおとなの人はタオルのシャツを気に入ってくれてないようです。わたしは、どうしてだろうと不思議でたまりません。わたしたち子どもは、タオルのシャツをとっても気に入っています。かぜもひきにくいのでこれからもずっとずっとタオルのシャツを続けたらいいと思います。

「タオルの体操服」　六年　松本　晴美

石墨小学校では、去年からタオルの体操服を使っています。

タオルの体操服というのは、小タオルを二つに切り、切った所をふちぬいし、二つにしたタオルのふちぬいした所のすみをぬい、横にひもをつけたものです。これは、全部、平松先生と千田尾先生が毎日おそくまでかかって作ってくださいました。今までは青い体操服一つで、一週間に一度しか洗たく出来なくて、冷たいと感じることもありました。そして、運動会が近づくと、家から、半パンとTシャツとか体操服の代わりを持って来て体操をしていました。でも、タオルの体操服を着るようになったので、冷たく感じないし、日にも焼けるし、体操服の代わりを家から持ってこなくていいようになりました。

タオルの体操服を着るようになると、かぜもひきにくくなり、母から、「よくこげて、からだ全体が黒びかりしだしたな。」と言われたこともありました。水着のあとよりも、タオルの体操服のあとの方がはっきりしています。

今年もタオルの体操服を、作ってもらったので四枚になりました。夏は、学校で洗って家庭科用の洗たくロープにほして帰ると、よく日にはもうかわいています。日曜日に洗たくする量もへり、とっても楽になりました。

冬は、青い体操服を着ていますが、タオルの体操服も、着ています。タオルでも工夫すればいろいろ使えます。これが生活の知恵というものでしょうか。

三　波及効果

タオルのシャツは、前述したとおり、児童の衛生意識の向上を図り、実践力を養うとともに、その習慣形成を目的としたものだったが、実践過程で次のような波及効果が見られ始めた。

ア　欠席率の減少

その第一として、欠席率の減少傾向が挙げられる。表（省略）は、過去四年間の欠席状況を表したものである。これを見ると、昭和五十年の欠席率一・五七から年を経るにつれて、順次、減少傾向があり、本年度は年度途中であるが〇・〇五と激減していることが分かる。しかも、注目すべきことは欠席率中のカゼの割合が、昭和五十年度八十四％が、昭和五十二年度五十六％、昭和五十三年度〇％とその減少傾向は著しい（もちろん、昭和五十三年度は、カゼの多い冬期を入れてないため参考資料としてしか考えられないだろうが）。昭和五十二年度のタオルのシャツの使用開始とカゼによる欠席率の減少傾向が時期を同じくしているので、両者の間に因果関係があるものと推定しても差し支えないのではないだろうか。

イ　衛生的な生活の習慣化

波及効果の第二として、児童の基本的生活衛生の習慣化が挙げられよう。

昭和五十一年度には、四日以上の間隔で入浴していた児童が四十六％もいたのが、昭和五十二年度には六％、昭和五十三年度には五％に減少しており、昭和五十三年度では九十五％とほとんどの児童が三日に一度は入浴するようになった。それに付随して、シャツ、パンツ、ソックスを着替える間隔も短くなり、効果を上げつつあると断定してもよいであろう。しかし、まだ、洗顔や歯みがきを毎日していない児童がいることを見過ごしてはならないだろう。

四　課題

ア　冬期継続使用の困難性

タオルのシャツは、本来、児童自らが洗濯して、気持ちのよいものを着るとともに、身体の基本的な衛生に気を付ける習慣化をねらったものである。タオルは、その意味で児童たちにも洗濯可能なものであり、夏期には通気性もよく、その目的を達成している。しかし、本校区は、冬期には積雪も多く、気温も氷点下十度を下がることも珍しくなく、その継続使用は困難に感じられる。学校で洗濯しなくなると、家庭においても寒さに対する「おっくうさ」からか、洗濯の習慣化が崩れがちである。

イ　親への啓発（シャツへの理解）

タオルのシャツは、児童には人気もあり、着用をせがんでくることもしばしばである。しかし、高学年の女子児童の父母の間には、一部懸念する者もいる。次の文は、高学年の女子児童を持つ母親の意見である。

「体育の時間を参観しましたが、逆立ちの時、はらはらして見ておりました。高学年の女子を持つ母親としては、絶対反対と思いましたが、その後、お話を聞き、なるほどと思うようになりました。慣れているせいか、子供は平気のようですので、親としても別に反対などは思っておりません。」（松本）

「高学年の女子生徒などは、少し不向きだと思います。体操服だけで、さいさい洗濯すればよいのではないかと思います。でも、よい所もたくさんあります。汗をとりやすく着替えが簡単で悪い所はありませんが、高学年になると少し考えてしまいます。そこの所だけ、何とか先生たちで考えてくだされば、大変良い事だと思います。子どもはそんなのは親のこだわりすぎだと言いますけど。」（塩見）

「使用にあたり、先生に大変なご苦労をおかけしたことをまず感謝します。当然、親がすべきことですのに。まずはじめは、びっくりしました。これが本音です。でも、趣旨を聞かせていただき、実際の様子を見ていて、本当にありがたく思いました。洗濯したての肌ざわりの良さ、汗の吸収の良さ、活動的であることなど、大変よいものだと思いました。それにも増して、運動後の着替えた時の気持ちの良さを味わうことは、よい習慣を身に付けるのに大変効果的であったと思います。でも一面、高学年の女の子を持つ親として少々気になったことは確かです。とにかく、私たち大人の考えでいろいろ気を使うよりも、無邪気で何の屈託もなく、伸び伸びと平気で振舞っている様子を見ていたら、これでよいのだなあと思うようになりました。」（菅）

私たちは、これらの意見を謙虚に受け止め、脇にゴムを付けるなど、改良点を考慮中である。その一方で、シャツをもっと理解していただくための母親啓発の必要性を痛感している。人間にとって、正しい性教育は必要である。しかし思春期入り口の女子の胸部のふくらみに恥じらいをもたせ、それを隠すことを教えるのが性教育ではない。その意味で、タオルのシャツと性教育との関係は、決して悪い方向には進んでいない。むしろ、よい方向への道を歩んでいると信じている。その一例として、本校男子児童から女子児童の性的成長に対する冷やかしを一つも聞かないのである。教室内で着替えもし、「先生、わたし、わきに毛が生えました。」と言う女子児童の言葉に対し、「先生、ぼくまだ生えないのですが。」と男子児童が心配する。そんな微笑ましい光景さえ見られるのである。

私たちは、母親の意見を謙虚に受け止めるとともに、母親啓発の努力も継続していかなければならないだろう。

おわりに

子を育てる培養土は母親である。母親そのものの人間性が、時には目に見えぬ力となり驚くべき影響を与えて、その子は人間としての歩みを始める。そして、歩みが進むにつれ、人間社会の社会的諸様式を身に付け、その子の人間としての生き方が形成されていくわけであるが、身に付ける時期を逸すると、インドの狼少女のように人間としての歩みができなくなる。

社会的諸様式の中でも、特に、基本的生活習慣の確立は、人間としての歩みを進める上で必要、かつ十分の条件であり、根源的には、母親の責任分野に位置づけられるものと考える。

しかし、本校のような高度山間へき地部で、しかも、数々の悪条件を抱えている地域においては、私たちは思考の転換を図らねばならないだろう。

ある先輩教師が、私たちの実践に対して、

「君たちは、そんなことまでしないといけないのかね。母親に注意すれば事足りるんだよ。」

と言われた。

「否。」

と、答える。

子どもと対峙して、彼らの健やかな将来を願わない教師は一人もいないだろう。その子のためになることなら、親、教師の分け隔てなく、「やれることをする。やるべきことをやる。」のが、私たちへき地に生きる教師の姿ではないだろうか。父母が家庭における親であると同時に、教師は、学校における親なのである。親になるがゆえに…。

教師のそんな考えを秘めた人間性の後ろ姿に、本当の教育の美しさがあるように思えてならないのである。

［参考文献］

松丸志摩三　『しつけの責任はだれに』　明治図書
小川　三郎　『心身保健学』　日本文化科学社
杉山　正一　『しつけのじょうずな教師』　東洋館
無着　成恭　『教育をさがせ』　文化出版局
堀口　友一　『生活の場の教育』　古今書院
曽我　静雄　『親と子』　青葉図書
小池　泉訳　『子どもの心とからだ』　日本評論新社
杉山　正一　『子どもを生かす担任教師』　東洋館
小野寺明男　『現場のための教育研究法』　新光閣
平塚　益徳　『現場の教師に訴える』　明治図書
丸木　政臣　『教師とはなにか』　青木書店
斎藤　喜博　『一つの教師論』　国土新書

――お詫び　文中において、現在では不適切な「土方」という用語を用いています。「日雇い労働者」等の言葉の方が適切な用語だと思いますが、N男の「あゆみ」にも書かれていますので、ここでは、当時のままの文章で掲載させていただきます。

第七回「自己嫌悪！」（五月十六日掲載）

坊っちゃんにとってA子との出会いはあまりにも衝撃的過ぎた。

マルティヌス・ランゲフェルドの「人はみな自分の人生を自分自身のうえに引き受けることを学ばなければならない」という言葉の意味が大きく響き、坊っちゃんはしびれていた。法務省高級官僚と田舎教師の「選択」の迷いの中で、坊っちゃんは当時の日記に、次のようなメモを残している。

「ひとりの人間がいる。己の影なる虚偽にもて遊ばれ、小川の清流に浮遊す。まぶしい、光り輝く太陽の母なる心を知り、木々の新しい生命の息吹と連座する己の生の極限の聖なる美を目望す。されど、現空は、虚構の死。真なると思えし真理が闇に葬られ、非善が虚飾にて光を浴びる。本音と建前が錯綜し、二者の論理のすりかえにて、人の道となす。我、いかに生きんとす。深山幽谷に対峙し、下界を鳥瞰しつつ己の哲の道を模索す。二頭だての銀馬車人生は、己の生の命と相容れず、黙礼させんと己を偽ることに忍びず。管財、燗酒と己を死して生きんとする人を姑息の手段にて非難し、後世に真ありと求縁せんとするが、解脱の心、いまだ成らず。己の煩悩に執着し、危地に接することなく、虚力の傀儡と化す己に呆れ返る。いかに座す。薫陶を命とし、教育の業に専す者。『後ろ姿』の教育に誇りを感じ、日々、大自然の海原と会すを欲すも積悪の罪に、挫折す。」

二十三歳の日記である。

二月一日。今夜の夕食は、みそ汁の残りとたくわん三きれ。寒くて動く気が全くしない。ただ今、零下七度。冬眠する動物の心がよく分かる。仕方ない。粗食ではあるが、これで辛抱するか。

…いや待てよ。やっぱりあった。カップヌードル。これで三品。食卓も賑わい、少々満足。しかし、なあ～。

その時、

「平松先生～～～イ。」

う～ん。何か、いい予感。

「ガラッ！」

「これ召し上がられませんか？」と同士の声。

ありがたきお恵みかな。天使のように輝いてみえる。もちろん、お皿いっぱいの天ぷらが、である。石墨二年目の冬。寒さには慣れたもののいっこうに上がらないのが料理の腕。酷寒の日には、食べず飲まずの達磨魂。山中の侘しき独身生活かな。校長先生を含め、石墨チョンガークラブのある日には、いそいそとして落ち着かない。熱燗左手に、右手は常に箸を動かしている。食べ物のことて、みんなに、もう、恥じらいなどはない。

無言の戦闘が続くのである。

第八回「教育は夢仕事！」（五月二十三日掲載）

三年の時が流れた…。

教育は夢仕事である。

坊っちゃんは、最近、そう感じるようになってきた。

教育とは、常に現実の中に奇跡を追い求めることではないのか、そう感じるようになってさえきた。

毎年、村内陸上記録会が開かれる。本校と比べ、他の二校は百名を超す大規模校である。

一年目。坊っちゃんは、それなりに練習をさせて記録会に臨んだつもりだったが、見事なる惨敗であった。男女六種目ずつある競技のうち、どれ一つ入賞しない。表彰式の時、坊っちゃんは悔しくて寂しくて涙が出た。小さな学校が負けるのは仕方ないことなのかもしれない。しかし、競技をした子どもたちが平然としている姿を見て、坊っちゃんはその場にいたたまれない苛立ちを覚えた。帰校後、

「みんなは悔しくないのか。」

と怒鳴ってしまった。子どもたちは、確かに、小規模的発想で、

「しょうがないよ。人数が少ないもん。」

と答えた。

二年目。坊っちゃんはテレビ番組「青春とは何だ!」「これが青春だ!」の熱中先生に我が身を同化させた。若いからこそ可能な「血（知）と汗と涙の体当たり教育」を試みた。複式学級を担任し「多忙な」などという言葉では表現しきれない状態を味わった。それでも毎日、子どもと共に走り、飛び、投げた。流した汗の量はすごかった。記録会では二位の賞状を二枚獲得した。

そして、今年。

女子四百メートルのアンカーが二位でバトンを受けるのと同時に、坊っちゃんもいつしか走り出していた。声援だけではどうしようもないこのからだ。身震いさえする魂の震え。気付いたらなりふり構わず、大声を上げながら走っていた。その言葉に気おされて、あの夢にまでみたテープを本校児童

が切った時、膝ががたがた震え、その場に座り込んでしまった。なぜか目が潤んで仕方がなかった。我に返ると、今、走ったばかりの子らが互いに抱き合い握手し合っている。遠くの方では、全校十八名になってしまった子らが歓声を上げている。「小さな学校でも、やればできるんだ」と言わんばかりに。その日、女子六種目中五種目に優勝することができた。

「理想主義のない現実主義は無意味である。
　現実主義のない理想主義は無血液である。」

高校時代にはまったロマン・ロランの言葉が響いてくる。走り出してから考えたっていい。分かりきった顔をする前に、体当たり的人間になろうではないか。

「人生は一度である。」

★　第八回「教育は夢仕事！」との関連資料（昭和五十三年　上浮穴郡青年部部報掲載）

エッセイ「山の住人三年目、やぶれかぶれ やってやれないことはない先生奮戦記」

メッセージ

大事をなすには、坂道で車を押す心構えがなければならぬ。いったん押し始めたならば、腕が折れようと脚が萎えようと、息もつかずに押しまくらなければ、車はかえってわが身の上にのしかかってくるものだ。

（司馬遼太郎『戦雲の夢』より）

大島正裕　『心に感動を呼ぶこの名文句』　三笠書房

「上浮穴郡には、若き青年教職員の熱気が満ちあふれ、へき地の暗さは、もう見受けられなくなった。暗さというより、むしろ教育の先端を歩んでいるように感じられる」

（於　上浮穴郡複式研究会　小田深山小学校）

「若さの勝利」と人はよく言う。だが、青年教職員にとって、若さとはいったい何だろう？

今回は、このことについて考えてみたい。かといって、確固たる主張さえ持っていないし、この文でさえぶっつけ本番なのである。したがって文意が不十分なところも多いと思う。「へき地三級地の多忙さゆえ」と大人族の言い訳を借りて、ご了解いただこう。

実は、この点が重大なのである。言い訳ばかりする毎日と決別し、素直な人生を誰もが歩みたいと願っていると思う。誰をも恨んだり、妬んだりせず、明るく力いっぱい生きたいと願っているに違いない。だが、言い訳は日々の口癖としてほとばしり出る。一体、何が、誰が、そうさせるのだ。それは、己の心だ。言い訳をさも正当化して、その場を取り繕う大人の狡さを知った己の心が主因だ。狡さを知っていながら、言い訳をし、自己正当化の域を築いてしまう。全く「若さの敗北」としか言いようがない。

私は、若さをもつ青年教師であるならば、その狡さを徹頭徹尾、自己の心から追い出してほしいと願う。とことん己の狡さと戦ってほしい。忙しい、忙しいといって、狡さを利用し、若者が言い訳をし、王道を歩まんとする限り、私たちのみ保有する「若さの特権」は、有名無実となり見事なる敗北になるであろう。

しかし、断っておくが、私は「言い訳をするな」というのではない。大人族の狡さの言い訳に対しては、最大限の自己挑戦をせよ、若者と自分を認める者は、世の狡さをいい加減に黙認してはならぬ。狡さと敵対する限り、年齢的な老化はあっても、万年、若者の歩みを進め得ると信ずる。

最近、私の生活の中から、感激する心が逃避していた。何をしてもつまらなく、意欲さえわかぬ。美しいものを見ても、ただそれがそうであるがごとく認めている日々に、私自身失望していた。

ところが、先日、腐敗してしまった私に、生命力を呼び覚ましてくれた事件がおこった。そう、確かに、私にとっては、大きな転換であった。

上浮穴青年教職員諸君！　どうかこの愚かなる私を笑わないでほしい。いや、笑ってもよい。私の心奥を察してほしい。

三年前、私は二十七名の児童が学ぶ本校に赴任してきた。松山生まれの松山育ち。道行く藁屋根に、時間的差異を感じたのを、いまだに覚えている。

本校を含め、村内三校で、毎年、陸上記録会というのがある。他の二校は、本校などと比べれば大きな学校ということがいえるだろう。

最初の年、私は六年生の受け持ちになった。私は、私なりに練習もさせ、記録会に臨んだつもりだった。だが、惨敗であった。見事なる惨敗なのである。男女五種目ずつある種目のどれ一つ入賞しない。表彰式の後、私は、悔しくて、寂しくて、涙が出た。本校のような小さな学校が負けるのは仕方のないことかもしれぬ。だから、敗戦は、当然のことかもしれない。しかし、児童や父兄は、特に戦ったはずの児童が、泣きもせず平然とした顔で、しごく当然に拍手を送っているのである。私は「君たちは悔しくないのか。」と怒鳴っていた。確かに、児童は

小規模的発想で「しょうがないよ。人数が少ないもん。」と答えた。
昔、そう、私が中学生の頃だったろうか。夏木陽介主演の「なつかしき笛や太鼓」という映画を見た。夏木氏が、大学卒業後、教師の道を志して、香川県の小手島に赴任する。男女含めてもバレーボールの人数をつくるのがやっとの小規模校なのである。そこには、小規模校ゆえ、自然発生的に生ずる「やってもしょうがないよ。大きな学校にはかなわない。」という意識があった。そこで、若き青年教師の夏木氏は、若いからこそ可能な血と汗と涙の体当たり教育を実践し、遂には町の学校に勝つのである。

確かに、これはフィクションであり、現実ではない。しかし、教訓はある。老化した目先の結果のみ追い求める教師に、体当たりの教育ができるであろうか。私は年齢的老化を言っているのではない。自他の狡さを見て見ぬふりをし、世の中の全てが固定的なものであると、そう、悟りを開いた人ぶる精神的老化を否定しているのである。老化してしまった老人に教育はできない。少々、独断と偏見であるが、うなずいてくださる方もいるだろう。

教師二年目。私はわが身を夏木氏に同化させ、全力投球を試みた。五・六年生の複式学級を担任し、「多忙な」などという言葉では表現できない状態を味わった。そして、日々が過ぎた。記録会では、二位の賞状を二枚獲得するに至った。

そして、今年。

最後の女子四百メートルリレーのアンカーが、バトンを受け取るのと同時に、私もいつしか走っていた。二位でバトンを受け、声援だけではどうしようもない体の動き。身震いさえするこの動揺。気付いたら、大声を上げながら走っていたのである。そして、あの白い、夢にまで見たゴールテープを、本校の児童が切った時、膝ががたがた震え、その場に座り込んでしまった。なぜか、目が潤んで仕方なかった。我に返ると、今走ったばかりの子らが「やったあ」と互いに握手し合っていた。遠くの方では、全校十八名の児童が歓声を上げている。「小さな学校でもやればできるんだ!」といわんばかりに。

今年は、校長先生はじめ、教頭先生、千田尾先生の全員が一致団結して練習した結果、女子六種目中に五種目の優勝を飾ることができた。小人数だからといって、甘っちょろい感情は、誰にも与えなかった。児童は、毎日、三十分の練習をし、家に帰って農作業を夜遅くまでし、食事を作って父母を助けた。ほとんどの子がそうであった。それらの背景があり、六年生二名、五年生一名、四年生一名のメンバーでリレーが優勝できたことは、私には何とも言えない感激があった。自然と涙が出た理由は、ご理解いただけるものと思う。

若き青年教職員諸君! 精神的老化はいつでも可能だ。分かりきった頭でっかちの人間よりも、体当たり的人間になろうではないか。

「人生は一度である。」

第二部

—愛媛県松山市立石井東小学校時代（分離新設校）—

真面目とは実行することだ

——夏目漱石

大島正裕　『心に感動を呼ぶこの名文句』　三笠書房

第九回「坊っちゃん、町の学校へ」（五月三十日掲載）

光陰人を待たず、三年の月日が過ぎた。

あの石墨桜の下での送別会。坊っちゃんは古老と肩を組み、歌い、人目をはばからず泣いた。そして、夜を徹して飲んだ。今や、面河は坊っちゃんの第二のふるさと、そのものになっていた。

「先生！　町の学校は大変ぞな。子どもも言うことききかんし、保護者もうるさいし…」

「でも先生なら、子どもの心をつかむじゃろうな。」

脅しと激励で織り成した言葉の風呂敷をマントに、坊っちゃんは面河を去った。

昭和五十四年四月。坊っちゃんは、新設の松山市立石井東小学校に着任した。

着任早々、坊っちゃんは浦島太郎である自分を発見した。木造校舎の平屋建てからコンクリートでできた四階建ての校舎へ。五十メートルトラックがやっと引ける運動場からサッカーやソフトボールが同時にできる広い運動場。四人の先生から十倍に膨れ上がった教職員。職員室が広い！

何よりも坊っちゃんを驚かせたのは、「先生」の多さ。名前も顔も一致しないため、手当たりしだい「おはようございます」と挨拶すると、「あら平松先生、さっきも挨拶していただきましたよ。」のお言葉。動揺した真っ赤な顔の坊っちゃんは、なす術も無く自分の席に座ったまま。

何が、何やらわからない。他の先生方は、入学式の準備のため忙しげに走り回っている。坊っちゃんは、雑然とした「動」の音の中で、一人「静」の孤独感を感じていた。その日、坊っちゃんは、生まれて初めて胃痛を経験した。やっていけるのだろうか？

職員会、学年会、教科部会…が過ぎ、坊っちゃんは六年四組の担任となった。他のクラスは名立たる超ベテラン先生ばかり。経験の浅い田舎教師に何ができるのだろう。まだ見ぬ保護者の不満の「声」が、幻覚として耳元に届いてきた。不安は確かに増長していた。

そんなとき、面河の古老の声が勇気を運んでくれた。たとえ学級経営や生徒指導が下手でも、自分には「若さ」があるではないか。

春風をもって子どもと接しよう。秋霜をもって自ら慎み保護者の声に耳を貸そう。自分には、「笑顔」と「ユーモア」がある。これならすべての子どもたちに与えることができる。

そうだ、これこそニーチェの言う『贈る徳』ではないのか！

青春の夢に忠実でありたい。面河の人々からいただいた「心の履歴書」を胸に、坊っちゃんは握手大作戦を決行した。毎日、終わりの会後、一人ひとりの瞳を見つめ、「笑顔」と「ユーモア」を与えながら見送ったのである。そんな坊っちゃんに、子どもたちが心を許すのに時間はかからなかった。笑顔で帰宅する子どもたちの顔を見る保護者の心も、いつしか和んでいた。

第十回「新たな船出」（六月六日掲載）

「今度、文部省が大学院を作るらしいが、受ける気はないか？」

体育系の元気印の校長先生が、いつになく弱々しい声で尋ねてきた。

「否」と返事しようとしたが、何かある？

どうも暗に受験を勧めているようだ。どうせ受験者が少なく困っているのだろう。ここは校長先生の顔を立てておくか。

いつの間にか処世術を身に付けていた。

当時、坊っちゃんたちは、新しい学校づくりに燃えていた。子どもと教師が一体となり、日々、爽やかな汗を流していた。

体育館はなく、運動場はでこぼこ。体育といえば、必ず石拾いと整地からスタート。遊具もないため大きなタイヤに着色し、埋める作業も六年生が率先して頑張った。町の子ではあるが、子どもたちは実によく働いた。

そんなとき、降ってわいた受験の話。坊っちゃんは、この場を逃げたくなかった。群れから離脱するサルにはなりたくなかった。しかし、人生の不思議な流れの中にいる自分も感じていた…。

やがて、受験の日がやってきた。不人気どころか、なんと十倍を超える高倍率。こんなことなら校長先生の顔なんて立てるんじゃなかった！

にわかに「受かりたい」という衝動が走った。

難問奇問の連続でお手上げ状態。面接では開き直って、石墨の子どもたちとの関わりを熱く語った。が、完全なる不完全燃焼であった。

「もうここに来ることもないだろう。」

諦めの境地で、坊っちゃんは、その夜、飲みに行った。

ところが、である。

後日、「合格」の報が届いてしまった。愛媛県の合格者はなんと二人のみ！　これは大変なことになってしまった。もう後戻りできないかもしれない？　坊っちゃんは、直感的にそう感じた。

校長先生がことのほか喜んでくださった。これは行くしかない。この世に、自分という「複製」

はないのだから。

一期生を無事卒業させ、坊っちゃんは高浜港からフェリーに乗った。月夜でターナー島がきれいに光って見えた。人生が大きく変わりつつあった。

前川清の「そして神戸」を不思議と口ずさんでいた。

どうせ行くのなら極めてみたい。それが快く送り出してくださった方々へのお礼となる。

坊っちゃんの決意は、熱く固かった。

第十一回「教育の新しい扉」（六月十三日掲載）

「みなさんは、日本の教育の先駆者として、新しい教育の扉を開いてほしいのであります…。」

文部省の偉い方が熱弁を振るっている…。

「これは、とんだところにやってきたもんだ！」

文部省肝入りの大学院といっても、兵庫県の社《やしろ》町から数キロ離れた嬉野台地に講義棟が一棟そびえるのみ。荒野の台地。西部劇がよく似合う。雨の日は長靴でないと歩けない。誰言うか、「現代版閑谷学校！」

何もない。学問あるのみ。畿内一円の院生たちは、この環境に辟易し、毎週、我が家を目指し一目散に霧散する。遠隔地からの侘しき「学び人」数名は、五時に閉まる食堂で夕食を済ませ、人口密度の少ない風呂に浸かるのみ。飲み屋もないため、あとは読書三昧。一日一冊完読ペース。侘しき憐れマナビストたち。

午後十一時からは、毎夜、焼酎文化の研究会。風呂場で裸の付き合いをした者同士、心から打ち溶け合って、教育談義に花を開かせた。指導教官は、なんと星村平和先生。南十字星の如く素敵な名前の瞳の輝く学者先生。

「まあ、気軽にやりなさい。」の言葉とは裏腹。毎週のゼミは洋書片手に激論の連続。これはきつい！

しかし、「教育実践学」という理論と実践の融合した新しい学問領域の開拓を目指す日々は、新鮮そのもの。自問自答の苦悩の日々が続き、弱音を吐きそうになったこともいくたびか…。

悶々とした迷いの中で書き上げた修士論文。それを学会で発表せよとの恩師の命令。広島大学で開かれた学会。心臓が飛び出すほどの緊迫感。自分が自分でない不思議な感覚。いつ始まって終わったのかもわからない「仙人の境地」。髭をはやした厳しい表情の学者先生。

「君の発想は面白い。これまでにない新規性がある。」

と、お褒めの言葉。

「ああ、これで恩返しができたかもしれない…」

もちろん、その夜は、お好み焼きで大フィーバー。浴びるほどのビールで仲間が祝福してくれた。

晴れて、修了式。文部省から大臣が！

「みなさんは、日本の教育の先駆者です。各地で新しい風を起こしてください…。」

「青春の夢に忠実であれ！」

シラーの言った言葉を胸に、坊っちゃんは、二年間の社《やしろ》町を後にした。

第十二回「子どもの心に残る授業」（六月二十日掲載）

大学院を出た先生がどんな授業をするのだろう。

周囲の目は、その一点に注がれた。

坊っちゃんは、それに応えるべく、数えきれないほどの授業を公開した。道徳、理科、体育、学級会…。

しかし、どれ一つとして満足し納得のいく授業はできない。

「授業は、子どもと教師とが繰り広げるドラマであり、生き物なんだ。誰が見ても完璧な授業なんてありはしない！　大学院を出たからって、よい授業ができるなんて思わないでほしい」。つい弱音を吐いた。

衆人注目の「期待」で自分が潰されそうだった。しかし、周囲は、「それ」を求めてきた…。授業技術は人様に見ていただき「批評」というハードルを越えてこそ、研ぎ澄まされていくものなのだろう。

坊っちゃんは、原点に返り、日案を書くことにした。授業のねらいを明らかにし、子どもの実態把握と教材研究に力を注いだ。

社会科の「雪とのたたかい」の単元では、新潟県上越市の大町小学校の子らと文通させ実感的に学ばせた。担任は、あの裸と焼酎文化の友であったU先生。大学院のヒューマンネットワークが生きた。また、休日には校区を隈なく歩き回った。子どもたちの生活のフィールドには授業で光る教材の原石が転がっていた。

尊敬する先輩の薦めで、NHK番組「教師の時間」に出演することになった。全国放送である。

四年生を担任していた坊っちゃんは、社会科「地域素材の教材化」というテーマでの授業創りに挑戦した。校区に残る『立待堰』を取り上げ、お寺の過去帳や古地図の資料をもとに水不足とたたかってきた先人の苦労を学ばせる授業である。

その日がやってきた。

ライトの明かりでいつもの教室がいつもでなかった。ぎこちない坊っちゃんの動きを察した子たちが、「先生、頑張って!」と励ましてくれた。逆ではないか。でもこの一言に救われた。

やがて、ドラマが展開されていった。

全国からの反響は大きかった。兵庫の恩師からの便りには、「これぞ授業の典型。子どもたちの学び合う瞳が生きていた」と記されていた。

いつもは五行しか日記をつけないA子が、その日ばかりは、ノート六ページにわたって思いを綴ってきた。

「私、一生忘れません！」と。

★第十二回「子どもの心に残る授業」との関連資料

（明治図書『社会科教育』No. 256, 1986掲載）

実践論文「地域性を見い出す歴史学習の試み」

一　社会科における地域教材の位置付け

社会科の学習には、二つの側面がある。「見えるもの」から「見えないもの」を見い出す側面と、「見えないもの」で「見えるもの」を見る側面である。児童が生活している「舞台」に実際に見える社会的事象を素材とし、種々の加工をすることによって、その意味を考えたり、科学的知識に高めたり、また、それを概念や理論にまで構築していく過程が前者であり、通常、帰納法的な学習形態をとる。一方、科学的知識や概念を通して、具体的な社会的事象を見たり、地域の課題性を発見したりする過程が後者であり、これは主に、演繹法的な学習形態をとる。

児童が現実に生活している「舞台」に見える社会的事象は、科学的知識や概念・理論を構築するために不可欠の要素であると同時に、それを通して、現実生活の意味を考える素材でもある。「見えない」法則や理論、先人の生活向上のための苦労や努力・知恵、その社会的な意味といったものは、現実に「見えるもの」を通してでないと見い出しえない。

児童が直接触れたり観察したりできる地域教材が、児童にとって単なる「見える」状況から「見えないもの」を見い出しえた状況にまで到達させることが、社会科の本来の姿ではないかと考える。その意味において地域教材は「見えるもの」であると同時に「見えないもの」を通して見つめるべき対象物でもあるということが言えよう。

二　地域学習　―その問題の所在―

従来、歴史学習における地域教材は、次の二つの意味において取り扱われてきた。

①いわゆる児童の興味・関心を喚起するための学習活動の動機付け的意味合いから教科書教材の補助的性格を持つものとして。

②「地域に根ざした」「地域の中で」等々のスローガンのもとに、地域教材オンリーの中心教材の性格を持つものとして。

両学習論とも、論理的には説得力のある理論を持ちながらも、具体的な授業実践のレベルでは、数々の問題があった。前者に関しては、動機付け論的な意味合いが強いため、地域教材そのものが道具化され、児童に提示される教材も断片的なものに堕していたという問題。一方、後者については、児童の潜在的に内在する生活実感・感情が強調され過ぎるあまり、郷土愛的目的論の性格が強まったり、また、教師自身も地域に埋没する地域教材中心主義に陥るケースが多々見られた。そして、日本の歴史としての学習意義は希薄な状況にまでなっていた。

この実践上の問題は、地域学習の目的論と方法論の対立を生み出すことになる。いわゆる

「地域を」と「地域で」の対立論争である。今日では、「地域を地域で」というややこしい結合概念が現出されるに至っている。この論争の原因は、究極的には、地域教材と教科書教材との有機的な関連性についての考察がなされないままで、実践が数多く横行したためではないかと考える。ある者は①の意味における地域学習論を展開し、ある者は②の意味におけるそれを展開する。そこでは、地域教材も教科書教材もそれぞれ独自に存在意義を持ち、独自の論理によって別々の教育的意味を持っていた。そして、両者はあくまで対立概念でしか捉えられず、当然の帰結として、そこではどちらかが主であり従にならざるを得ない状況であったのである。この不毛の論争には、児童を教育する上での社会科学習であり、その中での地域教材と教科書教材であるという包括的な視点が欠落していたのではないかと考える。地域学習を論じる場合、「あれか、これか」という視点から、両者の長所を認めた「あれもこれも」という視点への脱却が必要ではないだろうか。

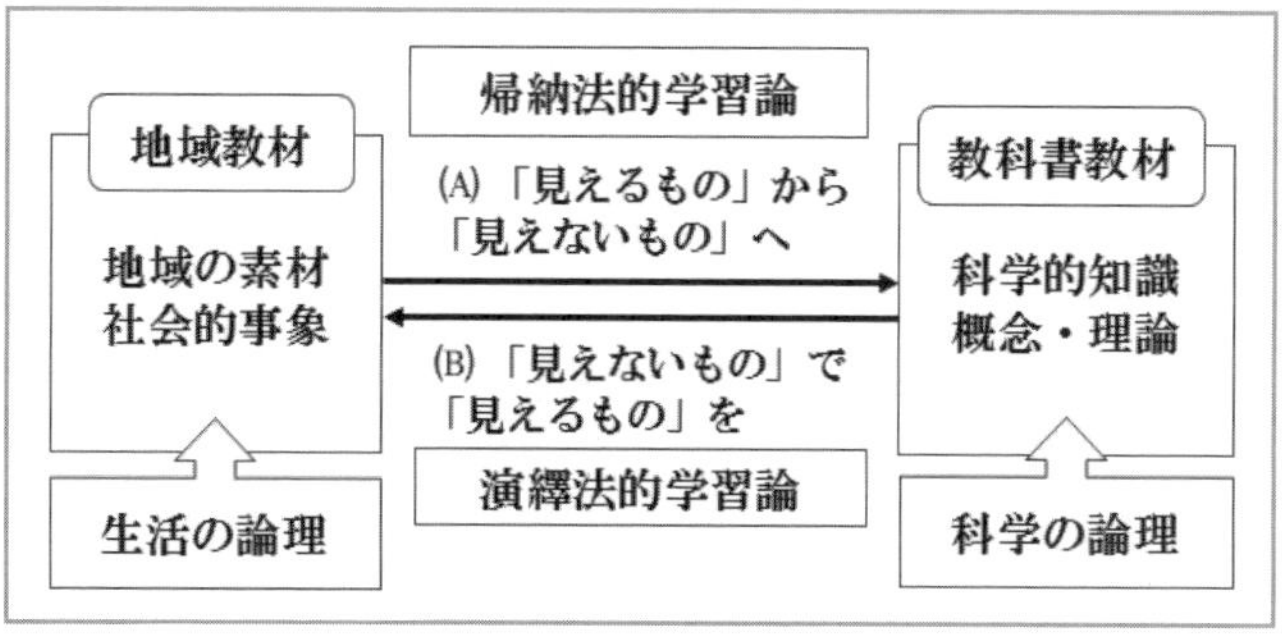

図1：社会科の学習における地域教材と教科書教材の関係

三　地域性を見い出す歴史学習への一つの提言

（一）地域教材と教科書教材の結合とその一貫性

地域教材と教科書教材は、図1に示すとおり有機的に結合されるべきであり、対立的な概念から相互補完的な概念へと変換される必要がある。

その結合は、二つの実践上の要請による。一つは、児童の認識のレベルの要請である。児童の認識方法は、決して一回完結主義の形をとらない。現実の社会的事象を見ながら、その意味を考え、また、その意味を考えながら現実を見るというようにスパイラルに認識の深まりを見る。すなわち「見えるもの」を起点に「見えないもの」を見い出し、それを通して「見えるもの」の認識を深めるのである。図1で言えば、A→B→Aのルートをとる。この意味で、AとBは、常に開かれたルートでなければならず、地域教材は両ルートを通じて動的に密接な関係でなければならない。二つは、教師の地域性を発見する教材研究レベルの要請である。教師がいくら地域教材を深く研究しても、それのみを眺めていたのでは地域性を見い出せるものではない。地域というものは特殊な社会的要素が数多く有機的に結合している存在であるが、その特殊性というものは、「一般」に対置された「特殊」である時のみ見い出すことができるのである。したがって、「見えないもの」で「見えるもの」を見つめ、「見えないもの」をより科学的に妥当性のある概念にまで高めたり、「見えるもの」の特性を見い出す教師の教材研究の方法、すなわちB→A→Bのルートにおいても、両者は開かれた存在でなければならないのである。

右記のことを確認した上で、歴史学習における地域教材の取り扱いの小・中・高の一貫性を主張したい。図2のように、小学校では、現実に「見える」地域教材から「見えないもの」を見い出す過程に、中学校では、それとは逆に「見えないもの」で自分の地域の「見えるもの」の意味を考える過程に、高校では認識能力も高まるので、視野を広げ、日本史と世界史の多面的な角度から自己の寄って立つ生活基盤を見つめ直す、と同時に生活から歴史の意味を問う過

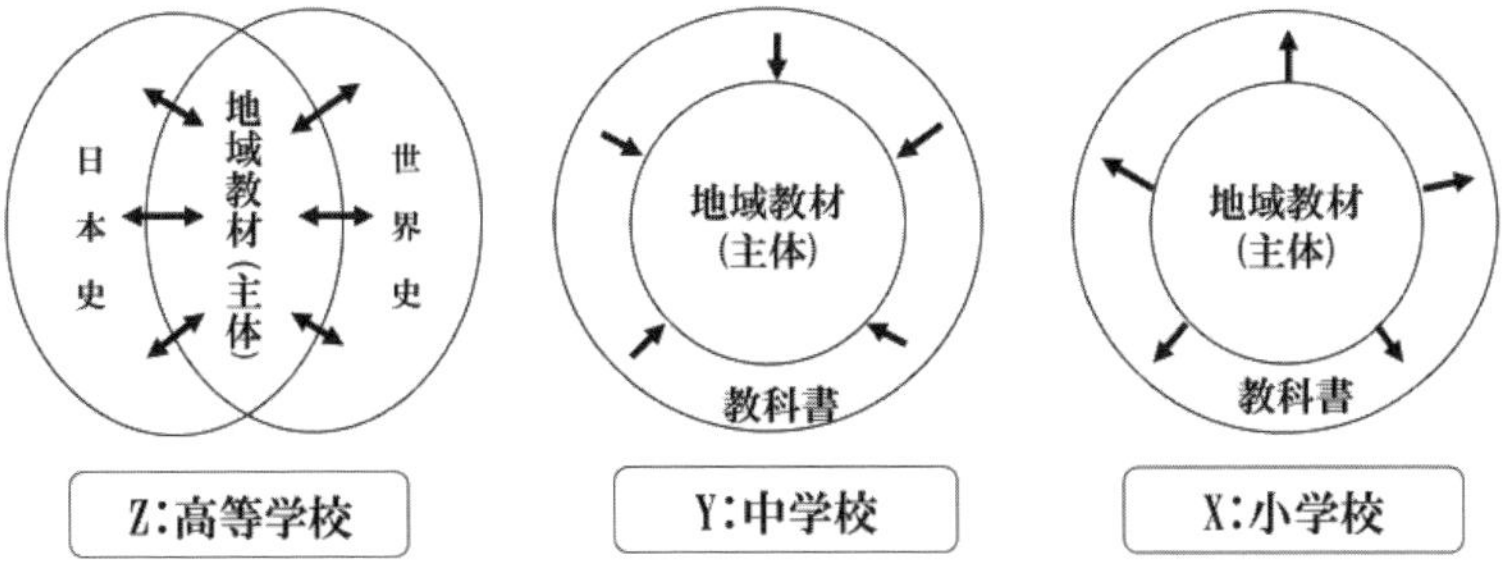

図2：歴史学習と地域教材の位置

程に、学習のウェートを置いてはどうかと考えるのである。

（二）歴史オリエンテーリング構想

児童の生活の「舞台」に現存する庚申塔、石碑、道祖神、用水路、寺院や神社、口碑伝説等は過去の残像である。過去に意味のあったものが、時間を超越して児童の前に存在する。それらは可視的であり、観察が可能であるが、「過去の意味」が先に児童の目に映ることはない。すなわち、児童の眼前に存在するものは、単なる「もの」であり、彼らの思考はこの「もの」からスタートするのである。この考え方を大切にし、私は現実の児童の「生活の場」に残るものの意味を「過去」に問いかける歴史学習を展開したいと考えている。すなわち、「現在」から「過去」への歴史学習である。その一つの試みとして「歴史オリエンテーリング学習」を提案したい。

1　その目的

（ア）地域に残る遺物・遺跡の存在を知り、それらと時間を超越して対面し、その意味を知ることによって、自分たちの生活する地域の歴史的な地域性や課題性を発見する。

（イ）政庁中心の与えられた時代区分論ではなく、地域の遺物・遺跡の分類・整理の作業を通して、児童による区分を創り出し、児童の目で「歴史を切る」作業をし、「歴史を見る眼」を養う。
(ウ) 具体から抽象、抽象から具体への科学的な調査研究方法を身に付ける。
2 その方法
(ア) 歴史学習の最初にオリエンテーリング形式で、地域の遺物・遺跡調べをし、各遺物・遺跡ごとに調査メモを作成する。
(イ) 調査メモをもとに、観点を決めて遺物・遺跡のグループ分けをする。その方法としてKJ法の手法を用いる。
(ウ) 整理ができた段階で帰納法的に分類し、観点を決めて時代区分をする。
(エ) 時代区分ごとに時代像・地域像を想像する。
(オ) 教科書教材で検証し一般化するとともに、科学的知識・法則・概念等を構築する。自分の生活する地域を見つめ直す。

四 「越智郷創建碑」と「越智泉ノ碑文」から地域性を見い出したO子の歴史学習の一端

「私たちのグループが最初に行ったのは、三島神社・春日神社です。そこは、越智公民館の隣で、公園になっています。この前の道もよく通っているので、何回も遊んだことがありました。正面には大山祇神社という石碑が建っています。私は、以前、大三島の大山祇神社へお参りに行ったことがあるのですが、その神社と同じ名前の大山祇神社がここにもあるので不思議に思っていました。」

O子の見学メモの一部である。ここでは、主題研究「越智町の歴史」のO子のレポートから、

①遺物・遺跡との対面（ふしぎだなぁ）
・三島神社　春日神社
・大山祇神社

②調査メモの整理（もう一度行ってみよう）
・「越智郷創建頌徳碑文」の発見

③碑文の調査メモの作成（開拓したのかなぁ？）

④町史での事実の確認
・「越智町のあれこれ」（移住させられたんだ）（どうしてだろう）

⑤教科書で時代像把握
・農民のとりしまり（移住できない時代だったんだ）

⑥古老への聞き取り調査（そんな泉があったんだ）

⑦泉の確認調査（行って調べてみよう）

⑧地域性の理解
・郷土調べレポート

地域性を見い出した過程の一端を紹介することにする。

〇子の所属する班は、七ヶ所あるチェックポイントのうち、まず三島神社を訪れた。そこで正面の「大山祇神社の碑」を発見する（①）。その時の感想が文頭のメモである。大山祇神社とは瀬戸内海の中央部に位置し、古くから交通の要衝の地であった大三島にある国幣大社である。〇子は松山の地から八十キロも離れた地にある神社と同じ名の碑が、自分たちが日頃遊んでいる地に建てられていることを知り、まず驚きを感じている。教室での調査メモの整理作業を通して、〇子は友だちのメモから「越智郷創建頌徳碑文」の存在を知り（②）、さっそく現地へ行って調べている。そして、その碑文から「伊予国久米郡越智郷は水乏しく、地痩せ殆ど不毛に近し、松山藩主（略）代官（略）に命じ開拓に従事せしむ。爾来努力経営夜を以て日に継ぎ巨泉を穿つこと三（略）其の業穿を創めしは、天保六年にして（略）」という文面を見つけ、越智町が昔は土地がやせていて作物もできない状態だったので、天保六年

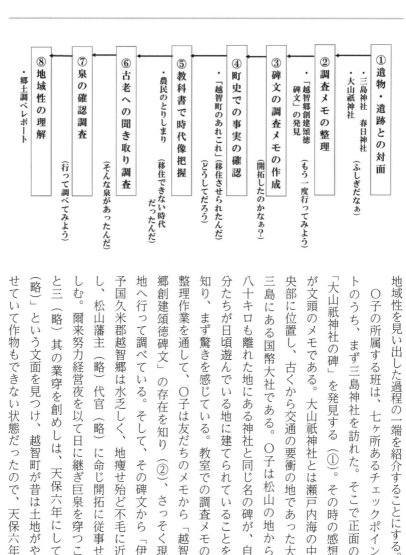

に藩主が代官に命じて開拓した土地であることを理解した。さらに○子は祖父から借りた町誌の「町のおいたち」の項で、その開拓の事実を確認すると同時に、新しい事実を発見する(④)。すなわち、「藩主久松勝善公がこれを憂え、この地の開田開拓を図り国幣大社のある越智郡大三島の郷土等優良農家三十戸余りをこの地に移住させて、これに当らせたのである」という文章を見つけるのである。この文から、○子は自分が現在生活している「越智」という町名の由来が大三島のある越智郡から来ていること、及び、自分たちの先祖が今から百四十年も前に移住させられて来たことを知ったのである。こうした学習をして、三島神社境内の大山祇神社の石碑の意味を理解した。「この石碑は、移住してきた人たちが、遠くの大三島のことを思い出しながら建てたものだと思います」と推測する○子の考えは、あながち間違いではなかろう。さらに、○子は越智町のみに多い「越智」「村上」「菅」「菅原」の各姓の出自が大三島であることを突きとめ、七地区ある校区の中での越智町の地域性を見事に見い出している。また、○子は開田開拓が「予想を越えて困難を極め」「その暮しにおいても誠に厳しいものがあった」ことを知り、先人の苦労に対し「頭が下がります」と共感的理解をも示している。そして「藩主の命令とはいっても、そんな苦しいところへなぜ来たのだろう。農民は断ることができなかったのだろうか」と、移住させられたという事実からその背景にある時代像にまでメスを入れている。

○子は、先人が移住させられた頃の時代像を把握するため、中教出版の教科書にある「農民のとりしまり」の項を読んでいる(⑤)。ここに「農民はかってに田畑を売ったり、よその土地へ移ったりすることを禁じられていた」という記述を見つけ出し「よその土地へ移り住むことを禁じられている時代に、なぜ移住させられたのだろう」と新たな疑問を抱いている。この疑問は、幕藩体制の根幹を問う問題であり「原則と例外」「一般と特殊」を考慮しながら、原則通りいっていない歴史的事実を地域史の中から発見した事例であるということが言えよう。

○子は、その問題を解決するために古老を訪ねている⑥。直接的にその問題は解決しなかったものの、ここで越智町の昔の土地の様子について新しい発見をしている。古老の話によると、この越智町は、特に農業用水の便が悪く、稲の根付け時には、内川の立待井掛から水を得ていたが、根付けに必要な用水は、上流他村の根付けが終わってからの配水を待つより方法がなく、「干ばつ」時には水一滴を手に入れることも困難であったという。○子は古老の話の中で「いくら鼻たれ小僧でも、上流の村の子には大人でもペコペコしたんぞな！」という話に大きく興味を持った。そして、藩主の命令によって移住させられたのに「よそ者扱い」をされた先人の悲哀さを感じとっているようである。唯一の生活の糧である稲作に必要な用水においても不利益を被った先人の苦労、それは「何の不自由もなく生活している私には、図り知れないものがあります」と述べている。

越智町の先人は、そのような逆境に屈することなく「夜に日に継いで努力経営」した。○子は古老から「越智泉ノ碑文」があることを知らされる。それこそ「越智郷創建頌徳碑文」の中にあった「巨泉を穿つこと三」の中の一つである。さっそく碑文探しに出かけると⑦、そこは○子らが三番目に訪れたチェックポイントのポンプ小屋であった。最初の見学メモで、○子は次のように述べている。

「越智町のポンプ小屋に着きました。このポンプ小屋のことは、学校のすぐ近くなので知っていました。でも、その下が泉になっていることは、全然知りませんでした。よく見ると、用水路のそばの出水口から、きれいな水がふき出すように出ていました。手でさわると、とてもつめたかったです。」

しかし、このレポートでは、「この泉が掘られるまでは、この辺は水が少なく、日でりが続くと田植えもできず、農家の人たちはたいへん困っていました。あのときふき出すように出ていた水を、昔の人はどんなにほしがったことでしょう。」とも書かれている。

この二つのメモを比較すると、前者は、現在の目で「見えるもの」しか見ていないのに対し、後者は、郷土調べの結果、地域性を理解した上で「見えないもの」で「見えるもの」の意味を考えているという点が違っている。すなわち、後者は、現在と過去を直結させながら先人の生きざまに共感し、感情的な認識のレベルまで深まっていることが分かる。この認識の差を生み出した根源は、やはり時間を超越して対面できる地域教材の威力であろう。教室における画一的授業からは生まれえない認識であると確信する。

最後に○子は、春日・三島の両神社が、同じ境内にあることに疑問をもち調査している。その結果、春日大社は以前は越智町の中央にあったが、県道拡張工事のため昭和四十四年十一月二十三日に現在の地に移転されたという事実を知り、現在の「生活の舞台」を過去の目で眺めながらこのレポートを締め括っている。

「歴史のあるわたしたちの過去を知っている春日大社。県道が広がることは、わたしたちの生活が便利になってよいのだけれど、それだけの理由で春日大社を動かしてもよいのでしょうか。便利になっていく人間の生活、その一方で過去が過去のものとしてつぶされていく。このまでよいのでしょうか。」

五　まとめ

「地域性をどう盛り込むか」という発想は、児童にいかにして地域性を教授・学習させるかという考え方の域を出ない。私は「児童と教師が地域性をどう見い出すか」という立場に立ちたい。なぜなら、その過程にこそ、地域教材を用いた真の歴史学習の意味があると確信するからである。

★ＮＨＫ『教師の時間』（昭和五十八年十月四日放送）

実践授業「水不足を克服した先人たち」

この授業は、石井東小学校勤務時代の二十九歳の時の授業である。縁あって、社会科委員会の尊敬する大先輩の星野弘先生から紹介されて授業をすることになった。「地域を教材に」という四年生の社会科の授業である。

石井東小学校校区は、昔から水不足の地域で、農作物の育成にはあまり適した土地ではなかった。それを先人の工夫や努力で克服していった様子を理解させる授業である。

四年六組、三十九名との思い出に残る授業である。

指導していただいた先生は、愛媛県総合教育センターの谷口泰芳先生。元愛媛大学教育学部附属中学校の社会科の先生で、私が教育実習生の時に、大変お世話になった先生の一人である。

元恩師の前で授業公開することは、気恥ずかしくもあったが、「地域素材の教材化」という視点での授業づくりは、楽しくもあった。

［授業のポイント］

・自分たちが生活している地域は、昔から水不足に苦しんできた地域であることを知り、水不足を克服するための先人の苦労や工夫を実感的に知ることを授業のねらいとしている。実感的に学ばせるため地域の寺の過去帳から作成したグラフの読み取りをさせたり、明治時代の立待堰の写真の読み取りをさせたり、俵を持ち上げる体験をさせたりする。

・「問い、考える」授業をするため、拡散的思考（ひろげる『問い』）と収束的思考（深める『問い』）を交互に取り入れ、子どもの相互指名方式により、より自由な「学び合い」をさせる。「主体的・対話的で深い学び」になる授業構成をしている。

［授業の実際］

○地域にあるお寺の「過去帳」をもとに作成したグラフの読み取り

T　［グラフ「過去帳」提示］

T　「これは土居町の万福寺の「過去帳」といって死んだ人の名前を記録しているノートを調べて先生がグラフにしたものです。」

T　「今から何年前のグラフでしょうか？」

S　「二百です。」

T　［「今から二百年前」と板書］

○「思考をひろげる」拡散的思考の段階

T「これを見て、わかることを発表してください。」

S「土居町では、一七七五年に死んだ人が一番多くて、七十七人が死んでいます。」

（他にあります。）

S「一七七二年は一五人で一番少ないです。」

（他にあります。）

S「死者の多い年と少ない年があります。」

S「最初の四年間は少なく、一七七五年以降は多い年と少ない年が交互にあります。」

S「人が死んでいない年はありません。」

T「そうだな。亡くなっていない年はないですね。」

○「思考を深める」収束的思考の段階

T「このように、死者の多い年と少ない年があるのは、なぜでしょう？」

S「死者が多い年には、洪水があったのかもしれません。」

S「病気がはやったのかもしれません。」

S「水が少なく、米がとれず、死んでいったのかもしれません。」

T「病気、そうかもしれませんね。他に？」

S「一七七五年に戦争があったとも考えられます。」

S「死んだ人の多い年には、自然の台風なんかがあったとも考えられます。」

T「そうだね。自然の何かがあったのかもしれないね。他に考えられることはないかなあ？」

S「洪水…。」

○「ひでり」の概念形成の段階
T　ひでりの害の写真提示
S「ひでりだったか…。」
T「今、ひでりって言ってくれたけど、ひでりって何ですか？」
S「太陽が照ることです。」
S「長く雨が降らないことです。」
S「あるべきものが不足することです。」
T「ひでりになると、なぜ死者の数が増えるのでしょう？」
S「雨が降らなければ、お米などの作物ができず、食べるものがなくなるからです。」
T「そうですね。ひでりになったらどうなるんでしょうね。ちょっとここで実際にひでりを体験された土居町の島田さんと渡部さんのお話を聞いてみましょう。お二人は、昭和九年と十四年のすごいひでりを思い出しながら、こんなお話をしてくださいました。」

○古老の話から水不足に悩む先人の苦労を実感的に理解する段階
T　古老の話のテープ流す
「干ばつの時の田んぼの様子はどんな状態だったのでしょうか…。」

「そうねえ、真っ白・オニワレという放射形。株のもとがひび割れて真っ白になり枯死寸前の状態よ。百姓が水げんかなんかしていましたよ…。」

○「思考をひろげる」拡散的思考の段階
T「どう思いましたか？」

T「さあ、水がなくて田に水を引けないこの地域。みんなだったらどうしますか？」
S「そんなに続いていたら、ぼくは水を飲みたいので水泥棒でもします。」
S「私だったら水を飲むので、ひでりが二から三日続くと倒れてしまいます。」
T「ちょっと待って。水不足で米ができない地域にみんなが住んでいるとするんですよ。さあ、どうするんでしょうね？」
S「ぼくだったら、おなかがすくので、おなかがすいたといってぶったおれてしまうと思います。」
T「ぶったおれて死んでしまって、それでおしまいですか？　昔の人は死なないために、何かをやっていたんですよ。」
S「他の地域から水をもらってきたのかもしれません。」
T「一つの考えですね。」
S「海の水を飲んだのだと思います。」
S「川をせき止めて、田んぼに水を入れていたんだと思います。」

○明治時代の写真から先人の工夫や苦労を学ぶ段階

T　明治時代の川のせき止め作業の写真を提示

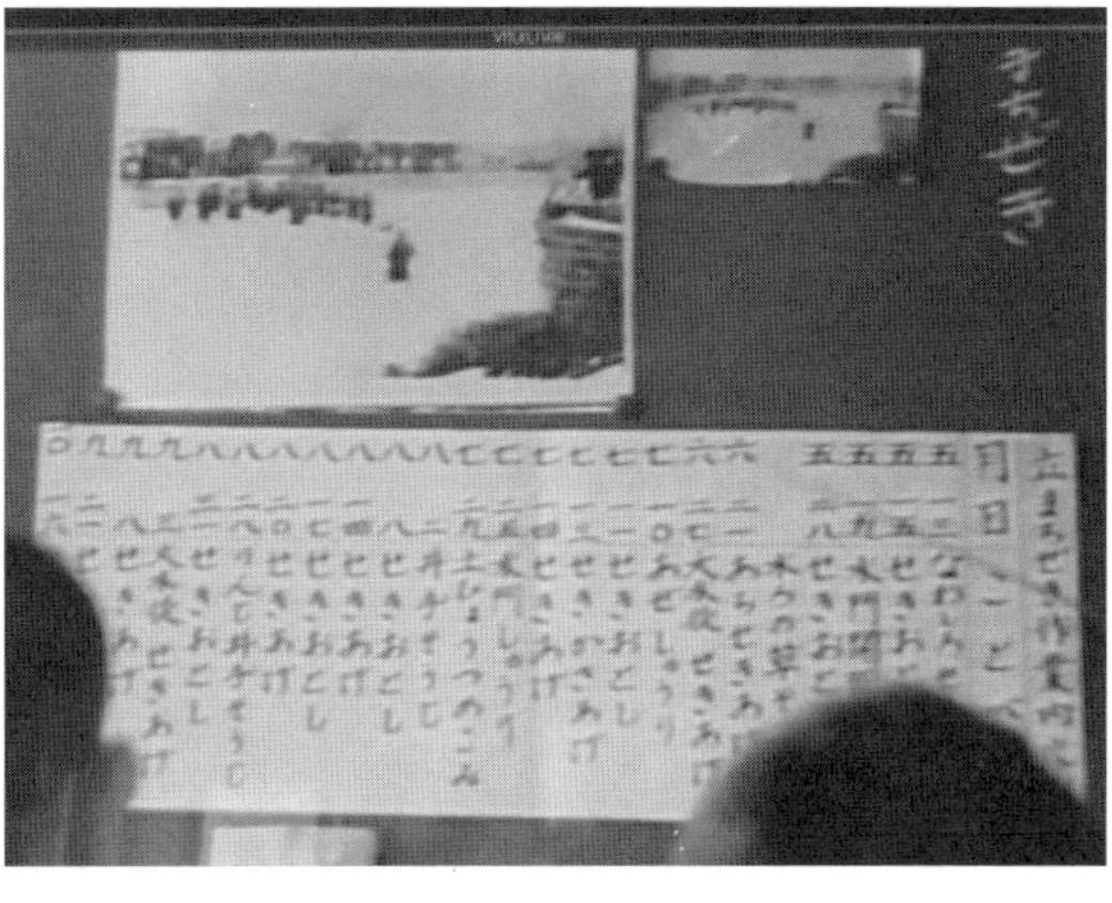

以下、写真の読み取りをし、先人の年間作業年表から水不足に悩み苦しんでいた先人の努力や工夫を学んでいく（以下省略）。

第十三回「坊っちゃん、名監督に！」（六月二十七日掲載）

坊っちゃんは、バレーボール部を担当することになった。すでに華々しい成果を上げていたバスケット部に比べ、バレー部は同好会的存在でしかなかった。が、彼女たちはバレーが好きだった。そのひたむきさをなんとか実のあるものにしたいという野心に似た興奮を、坊っちゃんは密かに一人持った。

第二回ライオンカップ全日本小学生バレーボール愛媛県大会準々決勝。相手は余土小学校。練習試合で一セットも取ったことのない相手に対し、本番で彼女たちは弾けた。多くの「感動」的なシーンを見せ観客を魅了した。試合後、彼女たちは真珠にも勝るすばらしい涙をとめどなく流した。

二年目、同大会準決勝。場所は、新田高校体育館。相手は荏原小学校。試合はパーフェクトに近い形で負けた。何もできなかった。でも清々しさが残った。前年に流した涙が確かに、生きていた。

そして、三年目。

同大会決勝が北久米小学校との間で行われた。また一つ上の階段を歩いていた。試合前日、坊っちゃんは過労で倒れ声が出なかった。この試合の様子が、南海放送のテレビで放映された。一セットは十二対十五で取られた。スーパーアタッカーを擁し、圧倒的な強さを誇る北久米小学校の勝利を、誰もが信じて疑わなかった。アナウンサーまでもが「頑張れ、北久米小」を連呼した。愛媛大学のバレー部で活躍し百戦錬磨の名将T先生が率いている相手チーム。それに比べ頼りない坊っちゃん。

二セット目も八対四とリードされた時、見ていた誰もが「負けた」と思ったそうだ。しかし、その日、なぜか彼女らのプレーが光ってみえた。

声を出すのがやっとの状態で、

「サーブレシーブよし、トスは満点、後は思い切っていこう。」

作戦タイムで指示した言葉が放送された。

この一言で坊っちゃんは名監督になった。逆境にもかかわらず子どもを励ませる監督は名監督だと言うのである。

それからの彼女たちの逆転劇は、まさに神業的仕業であった。

試合終了のホイッスルを聞いたとたん、神であった彼女らが泣いた。

人間の最も人間らしい姿にもどった。

「愛」を超越した「信」の世界がそこにはあった。

身震いしてそこに泣き伏せたいぐらいな「感」がそこにはあった。

第十四回「『心の扉』を開いた仲間たち」（七月四日掲載）

毎年繰り広げられる織姫様と彦星様の星空のラブロマンス。

それほど美しい「世界」かどうかは疑問であるが、夏の夜に毎年、開かれる会がある。その名はフラワー会。坊っちゃんが命名した。この出会いがいつまでも花開いていますように、との願いを込めて名付けた。

坊っちゃんは、その夜、麗しき女性たちに囲まれて、颯爽と繁華街を闊歩する。それはそれは、もてること。だって黒一点なのだから…。

坊っちゃんは、この日ばかりはハメハメハ大王に変身する？　坊っちゃんを取り巻く美女軍団？は、コーチ二人と還暦を迎えたおばあちゃんばかり（失礼）。石井東小学校バレーボール部の全国大会出場と同時に結成された。なんと二十年も続いている。しかも当の子どもたち抜きで！　教え子たちは結婚や就職で全国に散らばっている。それなのに、この保護者会は、今も続いている。

話題と言えば、体のガタと孫の話。「最近、老眼鏡を使わないと何も見えなくなって…」、「〇ちゃんは三人目ができたのね。」他愛もない話に花が咲く。かつて名監督と称された坊っちゃんも、この日ばかりはただの人。二次会、三次会とフィーバーするこの会に、各パートナーたちは、呆れ顔。

しかし、利害関係の全くないメンバーが、これほどまでに固くて強い絆を結べたのはなぜか？あの奇跡の大逆転に酔いしれただけならば、もうとっくに酔いはさめているはず。単なる教師と保護者の会を超えた「世界」。坊っちゃんは、部活動のモットーとして、

「自なくして他なく、他なくして自なきは、

全なくして個なく、個なくして全なきが如く…。」

の安倍能成の精神を掲げて実践した。

勝たせるためだけの部活動は、どこかにゆがみができる。

ルールとロールの「R」、

スペシャリスト、スキル、ソウルの「S」、

それらが融合した形のチームワークの「T」

が培われて初めて人間を育てる部活動となる。

部活動を通して、先輩から知恵や技術を、後輩からはフレッシュな感覚を学び合う集団を創ってきたつもり。

ひょっとすると、この会は、知恵の貸し借りの学び合いの場なのかもしれない。だから、毎年、集いに来るのだろう。

今年も、また、怪しげな集団が出没するのは間違いない。

★ 第十三回「坊っちゃん、名監督に!」、第十四回『心の扉』を開いた仲間たち」との関連資料（「響」バレーボール部報（昭和六十一年二月二十八日）

メッセージ

勇気は逆境における光である

（フランスの警句家ヴォーヴナルグ）

大島正裕『心に感動を呼ぶこの名文句』三笠書房

部活動「ありがとうバレーボール部の乙女［キミ］たち」

石井東小学校バレーボール部を預かり指導するようになってから、この三月で四年目になる。あの伝統のあるバスケットボール部の陰影にあって、ひたすら白球を追って無心に、しかも、身体全体に汗を流している乙女［キミ］たちに「であい」、ボクはいたく感動した。村上校長先生の直接の指導もあり、数々の大会に優勝し華々しい活躍をしていたバスケットボール部にあって、乙女たちの瞳はなんら曇っていなかった。いや、それどころかむしろバスケットボール部の部員よりも生き生きと輝いていた。「全国大会出場」を合言葉に猛練習を積み重ねていたバスケットボール部に臆することなく、乙女たちは屈託のない笑みを口元に浮かべていた。ボクは素晴らしいと思った。それと同時に、乙女たちのその［ひたむきさ］を、何とか「実」のあるものにしてあげたいという「野心」に似た興奮を覚えた。

第二回ライオンカップ全日本小学生バレーボール大会愛媛県大会準々決勝。石井東小学校の体育館で余土小学校と対戦した。練習試合でいつも負けてばかり。一セットさえ取ったことのないこのチームに対して、多くの観覧者の前でキミたちは見事に一セット取ったのである。結果的にこの試合は逆転負けとなってしまったが、試合後、キミたちは真珠にも勝る素晴らしい涙をとめどなく流した。ボクも泣いた。感動した。これこそ「青春だ！」と変に確信に満ちたタッチで日記を書いた。でも悔しかった。これでいいのか？　自問自答した。

第三回ライオンカップ全日本小学生バレーボール大会愛媛県大会準決勝が新田高校体育館で行われた。相手は荏原小学校。前年に流した涙を無にしないよう一年間練習してきた結果、ベスト4に残り、憧れの新田高校体育館まで這い上がってきた。それ自体素晴らしいことである。試合はパーフェクトに近い状態で負けた。いわば惨敗である。涙も出なかった。しかし、清々しさがあった。石井東小学校バレーボール部にとって、ベスト4に残ったこと。これは乙女たちが自分の努力と汗で掴んだ「青春の勲章」に他ならなかったからである。

第四回ライオンカップ全日本小学生バレーボール大会愛媛県大会決勝が北久米小学校との間で行われた。また一つ上の階段を乙女たちは上っていた。試合の前日、ボクは過労で倒れた。三十九度の熱で登校できなかった。監督として申し訳なく思っている。この試合の様子は南海放送で放映された。一セット目十二対十五で取られた。練習試合で一度か二度勝った経験はあるものの、圧倒的な強さを誇示していた北久米小学校の勝利を誰もが信じて疑わなかった。報道機関の全てが七～八の割合で北久米小学校の勝利を唱えた。二セット目も八対四とリードされた時は、ボクの父親までが「負けた」と思ったという。でも、ボクはなぜかその日、乙女たちのプレーが光っていると思えた。プレーをしている六人だけでなくベンチを温めている者も、全てが美しいと思えた。覚えているかい？　試合中に「サーブレシーブよし。トスは満点、後は、思い切っていこう。」と指示したのを。乙女たちの逆転劇は、まさに神業的仕業であったとボクの目には映った。試合終了のホイッスルが鳴ったとたん、神であった乙女たちが泣いた。人間の最も人間らしい姿に戻った。誰をも思いっきり抱きしめたく、愛おしく感じた。師弟愛なんて生易しいものではない。「愛」を超越した「信」の世界がそこにあった。身震いしてそこに泣き伏したいぐらいな「感」があった。

第五回ライオンカップ全日本小学生バレーボール大会愛媛県大会の決勝の舞台に、再び乙女たちの姿をとらえることができた。あのバスケットボール部でさえ成し遂げていない「全国大会」出場の夢を前年度に達成した翌年である。当然、練習量は前年度に比べ少ない。それでも乙女たちはこの晴れの舞台に立っていてくれた。相手は三津浜小学校。小学生ばなれしたスーパーアタッカーを擁する三津浜小に善戦し、一セット目はジュースに持ち込む根性を見せてくれた。誰もが北久米小学校か三津浜小学校の二チームしか頭に入れていない下馬評を一気に打破するプレーぶりであった。石井東小学校バレーボール部の「意地」を見せてくれた。ありがとう。ここに「伝統」と呼べる足跡を確たるものにしてくれた意義があった。

よき伝統は、今年の五年生にも引き継がれるものと信じて疑わない。ボクは、こんなに「幸せ」でいいのだろうか？　と、時々思うことがある。人と人との「であい」は運命的なものに、神秘的なものに、人の力を超越したものに左右されると思う。ボクの「であった」乙女たちは、こんなちっぽけなボクに大きな大きな何物にも勝る"My history"を「プレゼント」してくれた。それに対して、ボクはまだ何も乙女たちに「プレゼント」していないように思う。ボクは教師としてというよりも人間として、乙女たちがボクの年齢に達した時、あの時の先生の年齢に達したが、先生はその時その時よく命の限り生きていたんだな、と思われるような生き方をしてみたいと思っている。人間は、一人ひとりかけがえのない「いのち」をもち、燃焼し続けている。人を羨まず、自分を卑下しないで、精一杯生きてほしい。

第十五回「チャレンジ！　長距離遠足」（七月十一日掲載）

「遠足」とは、自らの足で遠い所まで歩いていくことを言うのだろう。

元気印の校長先生の発案で、とんでもない卒業お別れ遠足をすることになった。

日曜日を利用し、なんと四十六キロ遠足をしようというのである。石井東小学校から重信川伝いに歩き、上林峠を登って皿ヶ嶺へ。帰りは、三十三号線に出て、三坂峠からへんろ道を歩いて帰校するルート。ひ弱な町の子に、そんなことができるのか？

坊っちゃんは、半信半疑であった。

三月、早朝六時。子どもたちは集合した。

やる気満々の子、不安げで目がうつろな子、黙って下を向いたままの子。保護者も所在無い様子。子どもたちの戸惑いの表情に、坊っちゃんは笑顔で応えた。

出発して間もなく、A君が腹痛でうずくまった。便意をもよおしたとのこと。緊急事態発生。坊っちゃんは、すぐさま近くの家に飛び込んだ。老婆は笑顔で迎え入れた。その数分後、Bさんの靴紐が切れてしまった。坊っちゃんは、ハンカチを破って応急措置をした。

そんなこんなの珍道中。やっとのことで上林に着いた。が、体調不良や肥満で足痛の子が何人かリタイアした。

登山に無理は禁物。「退く勇気」を学ばせた。

上林峠は、難所。所々残雪がある。子どもたちが滑落しないように、先生方とロープを張り、慎重に慎重に「一歩」を刻ませた。

すべって転んでまた起きて。七転び八起きは人生そのもの。転んでもいい。また起きればよい。

やっとのことで頂上に辿り着いた時には、しんどくて泣き出す子が続出。しかし、爽風が体の疲れを癒してくれた。三坂峠では、保護者の手作り甘酒で元気をいただき、坂本に下りた時は、午後四時を過ぎていた。

坊っちゃんは、最後尾の女の子の班と歩くことにした。しばらくして、Cさんが歩こうとしなくなった。いや歩けなくなった。仕方なく坊っちゃんは、その子を背負うことにした。疲れ足にズシリと堪えた。しかし、ゆっくりと、一歩ずつ学校を目指して歩いていった。

久谷大橋を渡る時、夕陽が真っ赤に輝いて迎えてくれた。その光景にみんな心奪われた。肩越しに、Cさんが涙声で、

「私、生きていることが嬉しい。」

坊っちゃんは、その言葉にこっくりと頷いた。

★ 第十五回「チャレンジ！ 長距離遠足」との関連資料（昭和六十年度石井東小学校研究紀要掲載）

メッセージ

人の一生は重荷を負ひて遠き道を行くがごとし。急ぐべからず。不自由を常と思へば不足なし。心に望みおこらば困窮したるときを思ひ出すべし。堪忍は無事長久の基怒りは敵と思へ。勝つことばかり知りて負くることを知らざれば、害その身に至る。己を責めて、人を責めるな。及ばざるは過ぎたるよりまされり」（徳川家康の遺訓より）

大島正裕『心に感動を呼ぶこの名文句』三笠書房

「道、急がず、焦らず、倦まず、止まらず」

目標・自己の体力と精神の限界に挑戦させ六か年の総まとめをする。

・自己の力の限界を知り、ギブアップする勇気を育てる。

日時・昭和六十年三月十日（日曜日）六時～十八時

コース　学校～上林登山口～皿ヶ嶺～六部堂登山口～丹波～学校

学校行事「ドキュメント～ザ・皿ヶ嶺」（十二時間！汗と涙と自分との闘いの記録）

○前日の決意

「四十六キロという長距離遠足。ぼくにとって未体験ゾーン。ぼくは、この四十六キロという距離がどのような苦しい距離か分かりません。先生が『危険な所が数ヶ所あり、滑るかもしれないから、注意して歩きなさい。』と言われても、ぼくの心には、『自分は落ちないだろう。ちょっと気を付ければ大丈夫だ』という気持ちがあります。この気持ちは実際に苦しみを味わってみるまでなくせないと思います。だから今度の遠足では口では言えない本当の苦しさ、ぎりぎりの限界というものを勉強したいと思います。ぼくは、小学一・二年の頃病弱で学校を休んでいました。しかも学校から家まで走って帰るだけで、ふうふうと言っていました。

しかし、部活に入り、精神力が付き、学校を休む数もゼロとまではいかないけど、年に一回か二回くらいになりました。だから体力は小さい時に比べ、かなり増していると思います。それを小学校最後のこの遠足で試してみたいと思います。自分の限界を信じて。チームの中には少し身体の弱い人がいますが、お互い励まし合って、一歩一歩確実に歩いてみたいと思います。平松先生が『この長距離遠足は、君たちの人生そのものだ』とおっしゃいました。四十六キロの中には楽しくて、楽な所もあるでしょうが、苦しくて泣き出したい時の方が多いと思います。でも、決して投げ出さないで、頑張ってみたいと思います。自分がこの六年間育ってきた総決算として、先生方へのご恩返しとして、長距離遠足に行きたいと思います。見ていてください。」（大西崇悟）

○開会式

「ピリピリ張りつめる緊張。大時計をにらみ据える。劇的な瞬間が刻一刻と迫って来るのだ。『いよいよか』という不安、『さあ、行くぞ』という希望が入り交ざり、とても複雑な心境。陽はまだ昇らない。辺りは薄暗い。鈍い光に映し出されたみんなの顔、顔、顔。ニッコリ笑っている者。不安気に吐き気をもらす者。自信満々の者。人それぞれ。いろいろな思い、表情を浮かべている。皿ヶ嶺というとてつもない難関の突破を夢見て…夜が明けてきた。目の前には遥かに霞む皿ヶ嶺が遠く遠くに見えた。さあ、スタート。」（大塚真也）

○心臓破りの急坂・上林峠

「上林峠にさしかかった。もっとも危険な所であり、しんどい所である。道もぬれていて歩きにくい。丸太棒の橋を渡るときは、ものすごく緊張した。今まではゆるやかな道が続いていたが、いきなり急な坂道である。たちまち、ハアハアゼエゼエ。『しんどい』などという言葉が口から出始めた。雪、ゆき、雪を期待していたがない。かちかちに凍った氷が所々にあるだけだった。ロープを持って危険箇所を歩くときは、慎重の一歩、一歩で足もなかなか動かないありさま。なぜか知らないが、『みんなバンザーイ。バンザーイ。みんなバンザーイ』という言葉が口から出た。それは、ぼくらが学校に帰るまで元気づけ、また励ましの言葉となった。別れ別れ。要するにメンバーが別々になった班もあったが、ぼくらは五人全員で上林峠のポイントに無事着いた。もう、みんなすっかり弱り切っていた。しかし、寒さに耐えて咲いている草花を見ながら急な坂を一歩一歩登っていった。チームワークをくずさず、そして、慎重に。『みんなバンザーイ』と言いながら。ゆるやかな道にさしかかると、ほっとした。その時、『ヤッター、上林峠を通過したぞ』と思った。喜びは何より大きい。一生忘れることのない宝物となるだろう。」（中墳章）

メッセージ

歯を食いしばる。峠は目の前にある。
でも。足が、足が…。自分の足が思うように動かない。
『投げたらあかん。逃げたらあかん。』
遠くより足元見つめて一歩ずつ。
滑って、転んで、また、起きて。
七転八起。人生そのもの。
転んでもいい。また、起きればよい。
泥んこになってもいい。
カッコマンより根性が大切。

（平松義樹）

○フィナーレを飾る人たちの道

「六部堂までの足場の悪い道を下ってから、だらだらと続くアスファルトの道。足は疲れ切ってもうヘトヘトだ。みんなで助け合い、長い長い道を、少しずつ確実に歩いていった。まだまだ石井東小学校までは遠い。途中で、最終グループの人たちに追いつかれ、青色のタスキが回ってきた。最後のグループになってしまった。私たちは『タスキが回ってきた。』と言って、一生懸命歩いた。まだ、荏原小学校の姿は見えない。それでも、みんなで声をかけあって、学校まで頑張ろうとひたすら歩いた。ようやく荏原小学校の校舎が見えてきた。先生方の顔を見たとき、あと少し、あと少しで学校に着く。今までよく頑張れたなあと思った。久谷大橋を渡るときに、真っ赤な夕陽が見えた。今まで見たこともないような夕陽だった。一生の思い出となるだろう。これからも頑張ろうと思った。」（宇川美紀）

息子さんと一緒に歩いたお母さん

「遠足。楽しく参加させていただきました。ありがとうございました。子どもたちが本当にお世話になりました。参加してすごく嬉しいことがありました。チームワークの素晴らしいことです。友だちのリュックを持つ人、友だちを励ましながら引っ張ってあげる友。私の息子は身体が弱く心配しておりましたが、友だちの温かい友情によって無事完歩することができました。息子と石井東小学校の門へ辿り着いたとき、思わず顔を見合わせ、にっこり笑いお互いに手を握り締めていました。去年は、登校拒否を起こしていた息子です。もう言葉にならないくらい嬉しかったです。本当にありがとうございました。」

メッセージ

「お母さん、足が痛くて歩けないよう。」

「だめだめ、このあめ湯飲んで頑張って。」

「お母さん、足が痛くて歩けないよう。」

「そう。可愛そうに。ギブアップしたら。」

「お母さん、足が痛くて歩けないよう。」

「あら大変。病院に行かなくっちゃ。」

千差万別の茶屋風景。

子どもは大人を見て成長する。

教師の姿で、子どもは変わる。

四十六キロの道のりは、子どもにとって何の意味があるのか？

そう問われると、私は一言も返せない。

だが、歩いてゆく子どもたち、計画実行する教師たち、深い理解と温かい励ましをおくる保護者が一致団結して目標に向かうと、何かが生じる、何かが始まる、そう確信した卒業記念長距離遠足であった。


（平松義樹）

★第十五回「チャレンジ！　長距離遠足」との関連資料
（愛媛新聞夕刊「有感デスク」に掲載（昭和六十年三月十一日）

現代教育を見直す原点

「昨日、日曜日昼過ぎ、上浮穴郡久万町六部堂から皿ヶ嶺への登山道で運動靴やズボンを泥んこにして山から下りて来る小学生グループに出会った。学校から乗り物なしで、歩いて皿ヶ嶺登山をしている途中の石井東小六年生らだと分かった。

三年前から同校六年生全員が卒業を記念して、皿ヶ嶺への全コース（四十六・六キロ）を歩いて登山しているとか。今年は、朝六時半、二百三人が学校前をスタート・重信町上林前から山坂を越え、ほとんど休憩もなく、下りて来たという。通過ポイントでは先生や父兄がチェックし、生徒たちを励ましていた。午後七時頃までにはみんなへとへとで学校に辿り着いたそうだ。

小学校六年生には、全コースを歩かす皿ヶ嶺登山は確かに強行軍だ。途中八人がギブアップしたとか。でも、その苦しみを乗り越えた子どもたちの喜びと自信は、将来に大きなプラスとなる。こうした経験こそ、現代教育を見直す原点になると思う。今後とも、こんな素晴らしい挑戦をずっと続けてほしい。」

学級経営「ひとりはみんなのために、みんなはひとりのために」

――私が南海放送『ラジオセラピー～幸せを育む心理学～』に出演した時のトークの様子です。テーマは「私が出会った三人の生徒」
トークの相手は宇都宮民アナウンサー。平成二十九年一月十九日に収録されました。紙面の都合で第五回放送分のみご紹介します。
（宇都宮アナ→民　平松→私と表記）

民：今日は、愛媛大学教育学部教授平松義樹先生にお話をうかがいます。おはようございます。平松先生は、現在、愛媛大学で教員を目指す学生を育てながら、全国で教員や保護者を対象にした講演をなさっていますが、元々は、学校現場でたくさんの子どもたちと関わってこられたんですよね。

私：はい。私は、これまで小中学校の教員をそれぞれ十年間勤めて、約三千人の生徒とその保護者に出会ってきました。

民：では、今日はその中で、印象深い生徒についてお話しいただけますか？

私：思い出深い教え子はたくさんいますが、今日はその中でも、私がその当時、「選択理論」を知っておけばよかったなあという事例をご紹介いたします。

○どの子も輝く学級経営

～ひとりはみんなのために、みんなはひとりのために～

民：平松先生が小中学校の教員時代の印象に残っている生徒のお話をお願いします。

私：ある小学校で六年生の担任をしていた時のことです。私は、まだ二十代の青年教師でした。若さと行動力はあったと思います。とにかく子どもと一緒に汗だけはかくことのできる教師でした。運動会前に事件が起こったのです。

「先生、うちのクラスにはA君がいるから学級対抗リレーはどべ（ビリ）じゃわい。」

と数名の子どもたちが押しかけてきて話したのです。

私は、「なんでA君がいたら、どべになるの？」

と問い返すと、

「だってA君は、五十メートル走なんてぼくらの三倍以上遅いんよ。小学一年生の時から、A君がいるクラスはいつもどべに決まっているんやから。」

と答えました。

　確かにA君は、超肥満体でした。六年生で六十キロはあったでしょうか。歩くのもやっとでその巨漢をもてあましている子でした。四月に担任してから、体育の時間に、子どもたちが主張していることはなんとなく分かっていたつもりでした。しかし、その時、私は、「A君がいるクラスだからダメ」という子どもたちの固定観念というかビリーフをなんとかしたいという気持ちになっていました。

民：平松先生ならではの学級運営ですね！　何をなさったんですか？

私：早速、学級会を開きました。なんとその題は「今度の運動会の学級対抗リレーで優勝する秘策を考えよう」なんです。すごい題でしょう。現実的には難しい状況だったのですが、A君の存在について否定的な子どもたちの心を耕したかったのでしょう。若いですね。子どもたちは、口々に「むりむり」とこれまでの凝り固まった考え方を変えることができません。

「だって、A君はぼくらの三倍も走るのが遅いんですよ。」

と口を尖らせて主張します。A君は、寡黙であまり自分のことを主張できない子で、みんなが発言している間、黙って下を向いているだけでした。軽い障害をもっていて、勉強も理解がやや困難で、他の子どもたちから「お荷物」的な存在として受け止められていたようです。

私は「A君がいるから学級対抗リレーで勝てる秘策を考えよう。」と子どもたちにぶっつけました。「A君がいるから優勝できない」でなくて、「A君がいるから優勝しよう」という逆転の発想です。

民：「A君がいるから優勝しよう」ですか？　上手くいかない時には考え方を変えてみよう、とは、「選択理論」でもよく言われるところですが、子どもたちの反応はどうでしたか？

私：子どもたちはなかなかその私の主張を理解できないようでしたが、授業の最後の方で「先生、A君に特訓して速くなれというのは無理だから、A君が走る距離を短くしてはどうですか。」という発言が飛び出したのです。この意見に、それまで口々に「むりむり」を主張していた子らが、変化してきました。「A君が走る距離を短くするってどうしたらいいんだ」と、前向きに対策を考え出したのです。

いろんな意見が出て、最後には、

①バトンタッチゾーンを有効に使ってA君の走る距離を最短にする。

②そして、A君の順番までにクラスで走るのが速い子を数名入れておき、リードをつけておく。
③A君の次の走者はクラスで一番速いX君にする。

ことが決まったのです。それからは練習です。

「勝つためには、A君が努力しただけではダメだ。バトンタッチをいかにうまくして、みんながその時間を稼ぐかが問題だよ。三秒かかっているバトンタッチを二秒にしてご覧。A君の走る時間に貯金ができるよ。」

「一人が一秒ずつA君のために稼ぐ。」

A君の弱点を、クラスのみんなのバトンタッチの努力でカバーするという考え方にクラスが変わったのです。「勝ちたい。A君がいたから負けたでは負け犬の遠吠えだ」という気持ちが全員に伝わり、バントタッチはすごく上達しました。

民：素晴らしいです！　なんだか、バトンパスの技術を磨いてオリンピックでメダルをとった日本のリレーみたいです！

私：そうでしょう！　さて、運動会当日、スタートしてから五人の子は、すごい速さで走り、A君の順番までに約二十メートルの差をあけました。A君はバトンを落とさないように必死にその巨体を揺すらせ走りましたが、他の三クラスすべてに抜かれて、バトンを渡す時は、五メートルくらいあけられてしまいました。A君からバトンを受けたX君は、ものすごい形相で走り、なんと一気にトップに躍り出たのです。その後は、抜きつ抜かれつのリレーで冷や冷やでしたが、バトンタッチのたびに、私のクラスはリードを広げていき、最後には、夢にまでみたゴールのテープを切ったのです。

民：本当に優勝したんですね！　すごくドラマティックな勝利ですね！

私：はい、クラスのみんなの歓声はすごかったです。今でも聞こえてきます。そのあと、個人走はトラック一周でした。「よーい、どん」でスタートし、A君は半周回ったところで、みんなはゴールしていました。A君は、その巨体を揺らしながら、まだ半周走らなければならないのです。私はいたたまれなくなり、自分の教師としての役割を忘れて、A君のそばに駆け寄り、残りの半周を一緒に走っていました。「頑張れ、A君。その調子だ！」と声をかけつつ走ったのです。運動場のトラックでA君と私が走っている姿は、見ている人たちに感動を与えたようでした。すごい拍手。千人を超える人たちの温かい拍手が支えてくれたのです。ゴールでは、手をつないで二人で万歳の格好でテープを切りました。そのとたん、クラスのみんなも駆け寄ってA君の頑張りを称えました。

民：感動的な運動会ですね…。情景が目に浮かびます。

○まとめ

あのとき、「A君がいるから学級対抗リレーはビリ」という固定観念を覆す教育活動をしていてよかったとつくづく思います。

最初から「無理」という言葉を掲げて自分へのチャレンジを諦めてしまっては何も始まらないですよね。その意味でも「選択理論」は、すごく奥の深い考え方です。多くの人に勇気を与える考え方です。ぜひ多くの人に知っていただきたいですね。

「人は幸せになる権利がある」のではないのです、「人は幸せになる責任がある」のです。その責任を果たすために「選択理論」はあなたの手助けをしてくれるものになるはずです。

「あるがまま」に自己を受け入れ、「なすべきをなす。」これが私の人生の方程式かもしれません。

※南海放送『ラジオセラピー～幸せを育む心理学～』に五回出演させていただきました。興味のある方は、南海放送ホームページから聞くことができます。

・二〇一四年三月二十三日「幸せの方程式」（生き方論）
・二〇一四年三月三十日　「四国大会優勝」（部活動）
・二〇一七年三月十二日　「中二女子悩み」（親子関係）
・二〇一七年三月二十六日「進路親子対立」（進路指導）
・二〇一七年四月九日　　「逆転発想優勝」（学級づくり）

第三部

―愛媛県松山市立南第二中学校時代（マンモス校）―

青春はなにもかもが実験である

――スチーブンソン

大島正裕　『心に感動を呼ぶこの名文句』　三笠書房

第十六回「できると信ずる」（七月十八日掲載）

昭和六十二年四月。坊っちゃんは、なんと中学校教師になった。いや、「なってしまった」が、正しい表現かもしれない。しかも自分の教え子が入学する南第二中学校へ。

南第二中学校は、県下最大級のマンモス校。同じ学年の同じ教科でも二人以上の教師で教えざるを得ないため、子どもの名前さえ覚えられない始末。

「子どもの名を呼んで教育する。これは教育の原点だ！」と思い続けてきた坊っちゃんは、まず、このことに戸惑いを覚えた。

「先生ぇ～い。」

ある日、卒業させたばかりの子らが、坊っちゃんを見つけ群がってきた。同じ学校に通っていても顔を合わすことはめったにない。坊っちゃんも、つい懐かしがって、彼ら彼女らを自然体で受け入れた。

が、その光景を目にした某先輩曰く、

「中学校は小学校とは違う。もっと厳しく突っぱねないと！」

早々のご指導をいただいた。確かに中学校は違っていた。坊っちゃんは二年生の担任になったが、子どもと話をする暇さえない。子どもと接することができるのは、朝や終わりの会と給食の時間のみ。

これでは教師は「指示伝達命令」の運び屋に過ぎない。こんなことでは、子どもの心に寄り添った教育なんてできっこない。坊っちゃんは「新米中学校教師ショック」に陥った。

担任制や部活動の先輩後輩の上下関係など、子どもたちにとっても学びの環境の変化は、高い高いハードルとなっていた。いじめられっ子だった子が、いじめっ子に。よい子が問題行動生徒に。中には不登校を選択する者も。この現象を「中一ギャップ」というらしい。

何とかしなくては！

坊っちゃんは子どもとの心のキャッチボールに全力を挙げた。朝や終わりの会では、「人にはその個性の美しさがある」ことを語り、日々の交換日記では、「人間は皆持ち味が違う」というボールを投げ続けた。何よりも「わかる・できる・楽しい」授業のボールは全力投球した。

プロ教師は、授業で子どもの心をつかむもの。そういう強い信念が、坊っちゃんにはあった。やがて、坊っちゃんが投げたボールが、一つ一つ返り始めた。

「できることもできぬと思えばできぬ。できぬと見えても、できると信ずるがためにできることがある。」（三宅雪嶺）

第十七回「逆境は未来への踏み台だ！」（七月二十五日掲載）

部活動の担当希望調査があった。

当然のごとく、自分が教えた子がいるバレーボール部を希望したが、願いは聞き入れられなかった。なんと陸上部を担当することに。しかも一人で八十人を超える大所帯の部を！

坊っちゃんは、運動が大の苦手。小学校時代は、五十メートル走なんてビリから数えた方が早かった。その運動音痴の坊っちゃんが陸上部担当とは？「先生、今日のメニューを教えてください。」毎日、キャプテンのK君が職員室にやってきた。中学校教師として戸惑うばかりの坊っちゃんの机は、書類の山。その処理で部活動どころの話ではない。それを言い訳材料に、というよりも、自分が望んだ部でなかったため逃避していたのかもしれない。生徒たちがかわいそう。K君の顔が日に日に曇っていくのがわかった。

「今日も練習に出られないのですか?」

との声にならない悲痛な叫びを、何度も聞いた。坊っちゃんは、教師になってから何度目かの深い自己嫌悪に陥った。

「春風をもって人と接す!」

とにかく子どもと一緒に汗だけはかこう。

翌日からグラウンドに出て、一人ひとりの名前を覚え、練習の様子を見守ることにした。素人の坊っちゃんではあったが、いつもそばにいると、やがて、

「先生、ジャンプのタイミングが分からなくて。」

と相談に来る子も出てき始めた。

その度に、坊っちゃんは、専門書を買っては読み、陸上の先生に尋ねては答えていった。自らスパイクを購入し、百メートル走のM君と競走もした。

「十メートルまでなら負けないよ。」

そうM君を挑発し、いつも負けてばかりの坊っちゃんであった。

爽やかな汗をたっぷりとかいた。新人戦では、団体準優勝というおまけがついた。

「来年こそは優勝旗を目指そう!」

トレーニングにも力が入った。

が、翌春。部活動担当の先生から、「バレーボール部の先生が転勤したから、君、担当してくれないか?」ナヌ～? 組織の一員である。受け入れざるを得なかった。幸い陸上部は体育の先生が顧問に。潔くバレーボール部へ。

彼女らは、小学校の教え子たち。「あ・うん」の呼吸で猛練習を積み重ね、西条体育館での県大会では第三位に。

「よし、来年こそは、全国だ!」夢をみた。

それがそれが…。

第十八回「まるで青春ドラマだ!」(七月二十五日掲載)

「全国に行こう!」を合言葉に猛練習を積み重ねてきた翌春。なんと高校・大学とバレーボールをやってきたプロ中のプロの女子体育のT先生が赴任して来られた。

例の部担当の先生から、

「平松君、申し訳ないが、誰も持つ人のいない野球部を預かってくれないか。」

またも、である。

坊っちゃんは、何とも表現できない複雑な感情を味わった。

当時の野球部は、元気過ぎる?子らの集まりであった。それをバットさえ握ったことのないど素人の坊っちゃんに持てとは?

あの経済学者のパジョットが言っている。

「人生における大きな喜びは、君にはできないと世間がいうことをやることである」と。

よし、あの子らの心を燃やしてみせる！　坊っちゃんは早速、部員に挨拶した。すると、すぐさま、彼らは挑戦状をたたきつけてきた。

「先生、ノックしてや。」

「や」とはなんだ！　根性をたたき直してやる。

「よし！」。坊っちゃんは、勇んでバットを握りボックスに立った。

が、ノックの順番さえわからない。まして、バットにボールが当たるわけがない。チップでコロコロとキャッチャー前に転がったボールを拾おうとさえしない。嘲笑している子らもいる。

「これは大変な部を預かることになった！」

が、やるしかない。翌日から坊っちゃんはグラウンドの水撒きをし、整地をし、子どもたちを迎えることにした。グラウンドに一礼させてから練習開始。心を耕さなくては。まずは、「礼儀」からである。

「先生は野球も知らんくせに！」

子どもたちの不満は一気に爆発した。その機会をとらえて坊っちゃんは静かに答えた。「先生は、君たちに本物の部活動の喜びを味わってもらいたいんだ。」この子らは「本物」に渇望している。そう読み取った坊っちゃんは、高校野球の名門校に何度も足を運んで勉強した。

坊っちゃんが、「本気」であることを察知した彼らは、コロコロボールも必死で追い始め、作戦にも文句を言わなくなった。よし！　三年間、彼らは黙ってついてきた。ひたすら坊っちゃんを信じて！

そして、なんと、第八回四国中学校軟式野球大会の優勝旗を手にしてしまったのだ。

「これがボクらの返事です。」

泣かせやがって！

これはまるで青春ドラマだ！

第十九回「できたぞ、みかんパン」（八月一日掲載）

今でこそ、珍しくなくなったが、みかんパンの元祖は、南第二中学校にあると自負している。平成元年、全国中学校社会科教育研究大会が開かれ、全国から五百人以上の先生方が集まった。

坊っちゃんは、愛媛県社会科委員会の研究部に籍を置くとともに、会場校の研究発表の準備で多忙な日々を重ねていた。愛媛大学教育学部附属小学校で本部理論提案の審議を夜中までし、翌朝は七時には学校に行くというかなりハードな仕事を背負っていた。同僚が「大変ですね。」と声をかけてくれた。

そんなとき、坊っちゃんはいつも、こう答えることにしていた。

「仕事は高貴なる心の栄養ですから。」と。

少しキザではあるが、セネカのこの言葉が、坊っちゃんは大好きであった。仕事をいやいやしていても自分のためになるものではない。どうせやるなら上機嫌に鼻歌交じりでやろう。そうすれば仕事もはかどるし、疲れも少ない。

坊っちゃんが、教師十年間で培った生きるための哲学であった。

全国の先生方に授業を見ていただくのだ。愛媛らしい授業はできないものか。同僚のK先生やY

先生と相談し、オレンジの貿易自由化問題を取り上げることにした。

「オレンジの貿易自由化により、愛媛のみかんが売れなくなったらどうするか？」の課題で討論させる授業を構想した。

生徒は、みかんの消費拡大のために、どんなことを考えるだろう？　みかんの販路先拡大、みかんを材料にした商品の開発。

そうだ！　生徒が考えた実物があるといいね。という話の流れで、保護者で愛媛県工業試験場勤務のSさんの協力を得て、試行錯誤しながら「みかんパン」を完成させた。

授業当日、子どもたちは大人顔負けのすごい発言を連発。

A君が、

「みんな、みかんパンなんかいいんじゃないかなあ。」と発言。

K先生は、このタイミングを逃さず、

「実はね、あるんですよ。みかんパンが！」

「うそ～。」

「すご～。」

子どもたちは、一気にヒートアップして、議論も深まっていった。青森や沖縄から来られた先生方がこの授業を絶賛した。

この日の取り組みが日本教育新聞に載った。南第二中学校は一躍全国に知れ渡った。愛媛から全国に発信する輝かしい日となった。

みんなに感謝！

★第十九回「できたぞ、みかんパン」との関連資料（第二十三回全国中学校社会科教育研究大会、第二十八回四国社会科教育研究大会愛媛大会（平成二年十一月一〜三日）松山市立南第二中学校研究紀要『社会科教育の在り方を求めて〜歩みとその実践〜』平成二年十一月二日掲載）

研究発表「全国中学校社会科教育研究大会愛媛県大会地理的分野会場校」

平成二年十一月、全国中学校社会科教育研究大会が愛媛県で開催された。私は、当時、愛媛県社会科委員会の研究部の一員として理論研究をするとともに、地理的分野の会場校の研究責任者として社会科教育の理論研究や授業支援をしていた。

本部の研究は、毎夜、附属小学校で深夜まで行い、翌日は、早朝より会場校の研究に携わるという限界値の状態であった。

そんなとき、イギリスの政治家マクドナルドの次の言葉が私を勇気付けてくれた。

「およそ世に障害のない仕事はない。障害が大きければ大きいほど、その仕事も大きい。」

この言葉にどれほど励まされたことか。

特に、一単位時間の社会科の授業をどうするか研究すべきだという意見と、単元を通した社会科授業の在り方こそ模索すべきだという先輩意見の対立は激しく鋭かった。会場校の責任者として、どちらの意見を選択し、研究発表すればよいのか。これは迷いに迷った。なかなか結論が出ない状況のなか、「人間は、努力する限り迷うものだ」と考え、迷い苦しむことを「楽しむ」ことにした。

発表の概要は、次のとおりである。

社会科の学習に「課題学習」を導入

・「基礎的学習」と「発展的学習」

・「必修課題」と「選択課題」を有機的に関連付けて「定番」地誌的地理学習からの脱皮を図る。

生徒が主体的に追求していく社会科学習を創造するためには、次の四つの工夫が必要である。

(ア) 社会的事象をみつめ、課題を自分のものとしてとらえさせる。

(イ) 社会的事象の背景にある意味を、意欲的に粘り強く探らせる。

(ウ) 他者とかかわりながら、協働学習の質を高めさせる。

(エ) 学習経験を生かして、よりよく生きる知恵を考えさせる。

社会科の授業には、生徒が社会的事象に働きかける側面と、生徒が自らの生き方へ問いかける側面の二つの側面が考えられる。この二つの面を有機的に関連付けることによって、「事実認識」だけにとどまる地理の授業、すなわちこれまでの「定番」の地誌的学習を改善する方法を提案する。

基本的な学習の流れ

Ⅰ　基礎的・基本的事項を重視した［基礎的学習］

・生徒一人ひとりに基礎的・基本的事項を確実に習得させることを第一の目的とし、その過程で生徒の主体的な課題解決の「場」を設定する。

（ア）目標は到達目標として共通なものを設定する。

（イ）単位時間あるいは単元を通した追求段階で個別化を図る。

Ⅱ　個性・創造性を伸長する［発展的学習］の展開

・生徒一人ひとりが学び得た基礎的・基本的事項を応用し、生徒の個性や創造性を生かしながら、課題解決を図る「場」を設定する。

（ア）目標は多様で、個に合うものを設定する。

（イ）興味・関心や適性に応じた主体的な学習指導を促進する。

授業の実際

❶事実認知のⅠ段階（教師主導…一斉）

「人口密度図」「地形図」などの教科書資料を提示し、「ランドサット」の映像を重ね合わせるなど、さまざまな資料を比較して気付いたことを話し合わせる。

❷事実認知のⅡ段階（生徒主体…個別）

［必修課題］

「中国・四国地方の自然や気候の様子を調べ、それぞれの特色をまとめよう」

❸問題把握の段階（一斉…個別）

［学習問題］

「中国・四国地方は、他の地域とどのような結び付きがあるのだろう。結び付きの特色をまとめよう」

❹追求検証の段階（個別・班）

［選択課題］

「中国・四国地方は、人々の生活や産業などで他の地域とどのような結び付きがあるのか、次の課題を追求しよう」

〈選択課題Ⅰ〉

「瀬戸内海の赤潮発生の水域の変化を調べて、瀬戸内地方の工業がどのように変化しているのか。また、他の地域とどのような結び付きがあるのか調べてみよう」

〈選択課題Ⅱ〉

「瀬戸内地方の工業化が進むにつれて、海水の汚れがひどくなってきたが、これは瀬戸内の漁業・漁家にどのような影響を与えているかまとめよう」

〈選択課題Ⅲ〉

「年降水量が少なく平地も少ない瀬戸内地方の農家は、どのような工夫をしているかまとめてみよう」

〈選択課題Ⅳ〉

「南四国や山陰では自然に対応してどのような農業や生活の工夫が見られるのかまとめよう」

❺追求結果の共有化の段階　（全体）

選択課題については、生徒の興味・関心に基づいて選択・追求させジグソー的活動により共有化を図る。

❻発展学習をして、本単元のまとめをする段階　（個別・全体）

［発展的学習問題］

「中国・四国地方の諸問題を整理し、将来の姿を予測して『中国・四国新聞』を作ってみよう」

生徒が主体的に学ぶ社会科授業を創造するためには、"Fit" & "Work"が大切である。その授業がいかに生徒に適合し、その授業内容が生徒にとって有益かという視点である。さらに授業における新奇性も求められる。これまでの既有知識が授業において変化したり、再構成されたりするときに生徒は「おもしろい」と実感できるのである。生徒の生きる世界やそれに関するこれまでの知識との関係の中で新奇性は意味を持つのだから。

二つの学習と二つの課題を単元構成の中に工夫して位置付けてみたいものである。

迷いに迷った研究発表の内容が、日本教育新聞の記者の目にとまり、「課題学習を導入」という小見出しで、南第二中学校の実践が全国に紹介された。

第二十回「四百五十号の重み」（八月十五日掲載）

「平松君、研修主任をやってくれないか。」

唐突なる校長先生の弁。坊っちゃんは、返答に窮した。

中学校教師として駆け出し修行中の身。二年生の担任でもあり、野球部の面倒もみている。「自分に『教師の先生』ができるはずがない」と、自己評価。

学校の研修は、秀吉の「一夜城」のように突貫工事でできるものではない。教師集団のモラルを高め、日々の教育実践に生かすことができなければ意味をなさない。中学校は部活動が盛ん。放課後の研修の時間さえ満足に取れない。しかも、坊っちゃんは年齢構成の真ん中あたり。その道の猛者先生はたくさんおられる。坊っちゃんの戸惑いは当たり前。

が、校長先生いわく、

「いちばん忙しい人が、いちばんたくさんの時間を持っているんだよ。」

ビネの言葉をさりげなく織り込んだ説得工作に脱帽。

意志が弱いんだなあ！

坊っちゃんは、自分にできることは何かと考えた。月一回程度のおざなりの会では研修の質は高まらない。日々継続して研修はできないものか？　そうだ！　研修通信を毎日出そう。毎朝、職員室の机上に研修通信を配布しそれを読んでいただこう。

坊っちゃんは主任拝命初日から研修通信を出した。最新の教育の動向やその日の学校行事に関するよもやま話。朝会での校長先生の講話も、その日のうちに活字にし、翌日の紙面に載せた。教職員の「和」を創る情報も散りばめた。職場恋愛が成立し、明日が結婚式というY先生たちのため、祝福の寄せ書きも。出勤した二人は机上の通信を読んで真っ赤な顔。その途端、温もりのある拍手がわき起こり、さわやかな笑い声が、朝の職員室に響いていった。

この通信は『学校文化の創造』という役割を担っていた。

五十三人の教師集団が、毎日これを読んで共通理解・共通実践の風土ができあがっていったからだ。二年間で四百五十号。この通信を出すことの意味は、

「心ここに在らざれば、視れども見えず、聴けども聞こえず」

の『大学』の精神に合致する。

同僚の先生方の努力や工夫は、心眼が開いていないと見えてくるものではない。ずっしりと重いこの通信に綴られた数々の記録は、先生方の揺るぎない教育実践そのものである。

「継続は力なり。日々是新なり。」

★ 第二十回「四百五十号の重み」との関連資料（平成元年版『愛媛の生徒指導第二十六号』掲載）

――本論文は、四十一歳の時にまとめたものである。松山市内の生徒指導の研究指定校となり、研修主任として研修通信『0発進』を毎日出すことで、生徒指導における教職員の共通理解を図った実践である。「継続は力なり」を実感するとともに、五十三名の教職員も一枚岩になれるのだということを学ばせていただいた。

実践論文「生徒指導における全校体制づくりの方策とその課題」
～研修通信『0発進』を通して～

一 はじめに

「教育は教師論に尽きる」と言われる。学校における校内研修の重要性は認識していても、日々の多忙さゆえに、向上心をもって継続して研究したり、教養を高めたりして「人間力」を磨いている教師は意外と少ない。いや、生徒指導や部活動等で多忙さ極まりない教師が、向上

意欲はあっても書物を読んで研鑽する機会は案外少ないのである。私は金本房夫先生に丸山定夫の「俳優論」を教わってから彼のファンになってしまった。

俳優である前に人間でなければならぬ
俳優である前に人間でなければならぬ
俳優である前に人間でなければならぬ
補遺　但し人間であるだけでは俳優になれぬ

「俳優」を「教師」におきかえて私の教師の理想像としたい。「私は教師である前に、人間でなければならぬ」、ただし、「人間であるだけでは、教師になれぬ」と。

平凡だが私たちが自主性をもって考え、自分自身の生き方を求める創造的な生活をおくること、換言すれば、人間を磨き、「人間力」を自ら積極的に養い続けない限り、教師としての道を歩む術がないと思う。毎日の実践を通して、自らの生活の中に真実なるものを求める努力、絶えず学び、自己自身の確立を求める姿勢が肝要であろう。

ここに述べる研修通信『0発進』は、単なる生徒指導の実践的な処方箋ではなく、教師としての、そして、人間としての「研究」と「修養」を呼びかけ続けた一研修主任のささやかな実践である。

二　学校の実態

本校は、分離新設校として十年前に創設された比較的新しい学校である。校区は、松山市の南部に位置し、市のベッドタウンとしての様相を呈している。地域の土地の宅地化率は松山市内でも高い方で、校区外からの転入世帯が急激に増加している。また、共稼ぎ家庭や兼業農家が多く、校区も広域化しているため、地域共同体的意識も次第に希薄化しつつある。学校規模は、二十七学級、生徒数千三十五名、教職員五十三名の大規模校である。道徳性調査による本校生徒の問題点として、「自己抑制力の欠如」「連帯意識の低下」「体験的活動の減少」「傍観者的態度の増長」などが挙げられる。地域や家庭の教育力の低下や教職員の低年齢化(二十、三十歳代が教職員全体の七十五パーセントを超えている)などにより、生徒指導も年々難しい状況になりつつある。

三　学校の教育目標と研究主題

本校の教育目標は「課題意識を持って意欲的に取り組む生徒を育成する」である。新しい時代を担って立つ望ましい人間像を「自ら考え、求め、鍛えることを通して、新しいもの、価値あるものを創り出していくことに努力できる人間」であるとし、校訓『創る』を制定している。支持的風土のある学級づくりをベースに道徳教育を充実させることが教育の基本であると考え、その土台の上に、学級活動や生徒諸活動において主体的な取り組みをさせ、生徒一人ひとりに課題追求力を育成しようと考えている。生徒指導は、各教科・道徳・特別活動と学級経営とが有機的に関連し合い、全教職員が共通理念をもって実践にあたることが大切であると考える。

この研究をより具現化するため、「学習指導の改善と充実」「生徒指導の強化」「進路指導の充実」「健康安全教育の推進」「道徳教育の充実」の五つの重点目標や十五の努力事項を設定し、全教職員で共通理解のもと取り組んでいる。研修通信『0発進』は、これらの重点目標や努力事項に関する内容を中心に掲載するようにしている。

四　研修通信『0発進』による研修

（一）校長先生の講話の具現化

職員会や集会等で、校長先生が「教育」を語ることがある。それは、校長先生の「人づくり」についての夢であり、ロマンであることが多い。それを具現化するのが、私たち学級担任の務めである。しかし、校長先生が語る言葉は、通常、聞き流しになることが多い。そこで、講話の内容をそのまま文章化して研修通信に載せることにした。あるときは速記して、あるときはテープに録音するなどの工夫をして、翌日、先生方の机上に配布しておくことにしている。ある先生はそれを学級通信に活用し家庭との連携を密にした。また、ある先生は、短学活で生徒に読み聞かせ、じっくりと考える時間を設定した。今年の始業式の姫田校長先生の講話の中で最も心に残っている言葉は、

心が変われば、態度が変わる
態度が変われば、習慣が変わる
習慣が変われば、人格が変わる
人格が変われば、人生が変わる

である。含蓄のある言葉である。この言葉は、校長先生の私たち教職員への「ねがい」でもある。一人の生徒も一つの学級も教師一人の教育で成長するものではなく、個々の教師の力を中心として、全教職員と学校全体の雰囲気の中で磨かれるというのが学校教育の特質であろ

う。一人の教師は、常に、学校という組織体の一員として、学校全体との関わりの中で、自分の学級経営なり、教科経営なりが生かされるということを肝に銘じておかなければならない。その意味で、校長先生のロマンは全教職員に共有化しておきたいものである。

（二）新聞から学ぶ教育

教育に関する新聞記事は、日常茶飯事として掲載されており、多種多様な内容を含んでいる。私たちの実践に学ぶべきこと、配慮すべきことは、ことのほか多い。「他山の石」として共通の勉強会を開く時間もないため、極力記事として掲載し互いの戒めとしている。部活動や体育授業中の事故が新聞に取り上げられることが多い。学校で発生する事故には、教師の十分な配慮をしても防げないものもあるが、教育公務員として最大限の教育環境への配慮はしておく必要があろう。子どもたちの背後には、その成長を願い続けている保護者がいるのだという認識で毎日の教育実践をしていこうと呼びかけ合っている。一人を疎かにするとき、教育は成立していないということを認識しておきたいものである。

（三）生徒指導の強化に関する情報

若い先生方は、学級経営の基本的な教師の姿勢についての勉強が不足しがちである。生徒の何を、どのような視点で観察し、どのように処理するのかについては知らないことが多い。そこで、この『0発進』が自分自身を磨いたり振り返ったりする機会になればと、いろいろな先生の実践を載せるように努力している。生徒指導の基本的な精神として、人の意見をよく聞くという謙虚さ、自分の意見をゴリ押ししないという態度、相手の立場になって考えてみるという寛容の気持ちが大切であると考える。教師自身が仲間を認め、仲間の努力を称賛できる人間にならなければ、生徒指導は始まらない。同僚が困っているときは相談相手になり、病気のときはいたわり助け合い、忙しいときは喜んで手を差し伸べる。そういう人間愛としての信義が仲間意識の根底になければならない。

個々の教師と学校の教師集団の自発的で自主的な創意工夫による、ユニークな自主活動が教育のエネルギーであれば、仲間の者が認め合い、助け合い、励まし合うところに教育の生きがいがあり、教育の前進がある。教師は一人では弱いのである。だからみんなが手を取り合って、励まし合っていくのである。この考えに基づいて、さまざまな実践を掲載し、本校の財産として共有化しつつある。

（四）道徳教育の充実に関する情報

道徳教育は、教育課程の全領域で生徒一人ひとりの価値観の形成を目指して行われるものであり、生徒指導とは密接な関係をもっている。学級担任との温かい雰囲気の中で道徳の授業が展開されれば、生活上の悩みをもっている生徒や問題行動に陥りやすい生徒の心を和ませることにもなる。第二十七号は、週一回の「道徳の時間」を大切にし、充実したものにしようと呼びかけたものであり、また、国際理解教育の観点から、本校にAETとして来校されたオーストラリアのスーザンさんの便りを生徒及び教師で共有化したものが九十七号である。スーザンさんは二年八組の高橋史さんがオーストラリアに行った時、パースからシドニーまで電話をかけてくださり励ましていただいた素晴らしい教育者である。

0発進

平成4年5月11日
研修通信
（第27号）
松山市立南第二中

昨日は「母の日」どのように過ごしたか生徒にたずねてみるのもいいですね。でも母のいない生徒への配慮もお願いします。

道徳の授業は進んでいますか？

道徳の授業について

道徳の授業はむずかしい。道徳を「どうとくか」、くだらないしゃれだが、私はこの駄じゃれがなんとなく好きである。そこに常に問い続ける姿勢のようなものが感じられ、好きなのである。

道徳の授業の一般的な流れは、生徒の生活経験から入り、それを資料によって、より高い次元での主人公の生き方に学び、自我の確立をはかろうとするものであろう。一私はそういう授業をみると、いつもうしろめたい、いやな気持ちになる。

そのいやな気持ちとは、うまく表現できないが、たとえば、私は宮本武蔵と本位田又八と、いったいどちらが偉いんだと、そんなとき考えている。武蔵はりっぱだ。しかし又八の方がよりりっぱとはいえないか。りっぱということばはあたっていないかもしれない。山口瞳さん流にいえば、武蔵より又八の方がつらいのではないかということである。武蔵もつらいにはちがいない。が、強いやつなのである。強いやつはつらさがむくわれ、そしてスイスイといくのである。又八はだめなやつなのである。弱いやつである。だが弱いやつが、弱いやつなりに一生をおえるというのも、また、たいしたことではあるまいか。武蔵も人なり、又八も人なり。彼も人なり、我も人なりという考えが私にはある。

それは、たとえば「走れメロス」で、真実の尊さ、友情のうつくしさを説くのか、それとも人間はいかに信じがたいものであるかを説くのかということにおきかえてもよい。私は後者の立場である。徹底して、又八の立場に立つことから、私は道徳教育を考えていきたいと思う。

現代は、かしこい人はいくらでもいるが、おもいろい人間というのはだんだん少なくなったという意味のことをチェーホフが作中人物にいわせている。チェーホフのいう「おもしろい」という意味はじつに深いがおもしろい教師、おもしろい生徒もだんだん少なくなっていくような気がして、たまらなく寂しくなることがある。

私たち教師は、時として断固とした姿勢が必要である。しかしかたくなな姿勢は、教師として失格である。開かれた心で対話し、矛盾を大胆に生きる教師でありたい。

自分の主義・主張を生徒におしつけること、自分を生徒のまえにだすことは、厳密に区別されなくてはならない。私は、教師はもっと自分をださなくてはいけないと思っている。いかがなものであろう。

私は確固とした人生観なり社会観はない。―――だが、私はこう思う。こう生きてきたでいい。人間の心について、人間の価値について、私の生きてきたことについて、生徒に語りかけることが、いま何より大切なことであると私は思う。

教育とは、本来矛盾にみちているものだ。現在の自分を越える人間、現在の日本を越える日本を、私たち教師が準備しなくてはならない。

――その願いが教育にかけられている。そのために自分をだすことを私たちは恐れてはならない。

（ある教師のエッセイより）

あるクラスでは全員母親に手紙を書かせていました。あったかい配慮ですね。

ママすてき		母きとく	
マ	豆ごはん	は	ハンバーグ
マ	丸干しいわし	は	ハムエッグ
ス	すきやき	き	ギョーザ
テ	てんぷら	と	トースト
キ	切り干し大根	く	クリームスープ

お口なおしに サトーハチローの詩をどうぞ！

↑この感性を育てていきたいものです。

週1回の道徳の時間きちんと確保されていますか。今年度は教科用図書を購入していませんから各学年の道徳部員の先生が毎週プリント資料を配布してくれています。この目にみえない行為に感謝しつつ道徳の授業に熱中してみて下さい。

家庭教育10のポイント

1 信頼する（信頼のないところには教育はなりたたない）
2 認めて任せる（すぐに手を出さない。見守るいらだたしさに耐える）
3 関心を示す（ともに過ごす時間をもつ）
4 発達段階を考える（変化が望ましい成長になるように）
5 手本を見せる（言葉よりも行動で）
6 言葉遣いを正す（正しい言葉遣いやあいさつは行動を正す）
7 悪口を言わない（いいわけ上手な子、自分に責任をもたない子に育ててしまう）
8 甘えさせない（自信のない親が甘やかして、子供をだめにする）
9 やる気を育てる（満足感・成就感がその子の意欲を育てる）
10 夢をこわさない（大人のものさしで測定しない）

“0発進”

平成4年9月10日
研修通信
(第97号)
松山市立南第二中

昨日の永井君と高橋さんの報告会はよかったですね。すばらしい体験が伝わってきましたネ。TP作成や作文指導に汗を流していた松井先生の姿が印象的でした。

24th August 1992.

CRIMSON ROSELLA
This brilliant bird makes a colourful sight flashing through the trees. Feeding mainly on seed and fruit, they are sometimes destructive, but often clean out scale insects.

Dear Yumiko,
Sorry it took me so long to answer, I was on the other side of Australia.
I liked your letter!
I am looking for a penpal for you, but I am very busy.
It is raining in Perth, but it was sunny in Sydney and Brisbane,
I talked to Fumi in Australia.
I will write soon.

Goodbye!
Susan.

ADDRESS
Yumiko Kurokawa
松山市 〒790
JAPAN
〒790 POSTCODE

COPYRIGHT
Nucolorvue Productions Pty. Ltd.
Telephone: (03) 560-1788
Made in Australia.

左のレターはAETとして本校に来られたスーザンさんが、2年8組の黒川由美子さんに書いて下さったものです。高橋実さんにオーストラリアで電話をかけて下さったり、このように手紙を下さったり、やはり彼女は教育者ですネ。Very Nice!

命輝いた!
運動会成功

と言えるようがんばりましょう。昨日の全校練習の1年1組の集合はすばらしかったです。他学級がわいわいガヤガヤと雑談しているとき教師もいないのに整列完了しすわっていました。きっと終学活での学担のひとことがそうさせたのでしょう。すばらしかった。

2年1組の行進も立派でしたネ。一つのものごとに熱中させるってむずかしいことです。でも“たかが行進されど行進”なのです。はちきれんばかりの集団の健康美を見せてもらった気がします。教室でヒーローになれないけれど体育大会でがんばっている生徒を賞揚しましょう。

五　同僚教師の『0発進』への感想

職場の人間関係が直ちに教育の効果に大きな影響を与えるというのが、学校という特殊な社会である。職場の人間関係をよくして、楽しく生きがいのある学校生活を送るために、ホットな情報を提供し続けてきた。同僚は、『0発進』について、どう思っているのだろう。

「初めての研修主任のうえに、学級担任というハードな中、毎朝、一日も欠かさず出された『0発進』。思わずその頑張りに拍手を送りたい気持ちです。日々の雑用をこなすだけで精一杯の我々凡人教師にとって、この『0発進』は、唯一の研修材料であり、日々の活力でもあり、とにかく感謝するばかりです。新聞記事や教育情報だけでなく、必ず付け加えられている平松先生のコメントが、とても温かみのある内容で、ホロリとさせられています。私の実践を『0発進』に取り上げていただきましたが、まるで学級通信に名前が載った生徒の気持ちですね。お忙しい中、本を読まれたり、資料を集めたりと、その裏には並々ならぬ苦労が隠されていると思います。その苦労のネタ（校長訓話など）を時々学級通信の中に活用させていただいております。これからますます忙しく大変だろうと思いますが、くれぐれもお体に気を付けて頑張ってください。二学期からも楽しみにしています。」（A先生）

また、学校全体でうれしいことがあると、教職員全員でその話題を共有化することにしている。姫田校長先生の学校経営のモットーは、教職員の「和」である。教職員がホットな関係にあると、生徒への対応も自然と「愛語」が多くなる。学校に「愛語」が増えれば、豊かな感性の生徒が多く育つであろう。

六　まとめ

いかなる時代も、現代ほど人間について多くのこと、また多様なことを知った時代はない。しかも実は現代ほど人間とはそもそもなんであるかを知らない時代はなかった。我々の時代のように人間が疑わしくなった時代は、かつて存在しなかった。（シラー）

金本房夫『であい―平凡の充実―』松栄印刷所

私たち教師は、人間を育てることをその職務としている。したがって、人間をよく知っていなければならない存在である。日々、人間（生徒）に接してはいるが、本当に私たちは、自己をみつめ、生徒をより深く理解して日々の指導をしているのだろうか。『日々研修』と言うことは易しいが、実際に行うことは難しい。しかし、生徒の心は日々動いているのである。嬉しいことも悲しいことも、お互いが苦労していることも紹介し合うことによって、教育実践することの大切さを感じている。この『0発進』は南第二中学校の全生徒の「おおいなるいのち」の前進を願って綴り続けてきた新米研修主任としての私のささやかな実践である。

平成四年四月六日、第一号を発行してから一日も欠かさず出し続け、平成五年十一月十八日で三百七十九号を出した。研修通信『0発進』をここまで出し続けてこられたのは、姫田校長先生の高い見識と信頼と、同僚の『0発進』を受け入れてくれる土壌があったからである。ささやかな私の実践が、多くの生徒の指導に間接的に役立っているとしたら、こんな嬉しいことはない。

0発進

平成５年６月11日
研修通信
（第287号）
No.50
松山市立南第二中

星空のパーティー

ムーンビーチ（沖縄）の星は
やけに近くにみえた。
星のまたたき　その一つ一つが
まるで二人の幸せを祝うウインクのよう。
やがて　二つのシルエットが一つになり
「夢の世界」へ　ひきこまれていった。…

祝ご結婚

[redacted]

[redacted]

[redacted]　29歳　いい男。
ついに最良の伴侶を娶る。
めでたし，めでたし
「伊勢物語」に出てくる
ある女性は，容貌がたいへ
ん美しかったので，男が恋
したって，盗み出して背おって
いったという。その女性のうつく
しさを「いとめでたくおはしけ
れば」と表しているが，[redacted]
は　そういう女性なのかも知れ
ない。

憲法24条
「① 婚姻は，両性の合意のみ
に基づいて成立し，夫婦が同等の
権利を有することを基本として，
相互の協力により，維持され
なければならない。」

[redacted]が　どんな家庭を
築かれるか楽しみです。
17日に出勤された朝の彼
の顔とスピーチが楽しみです。
“てれ屋”の彼“純心”な
彼が想像できます。

結婚おめでとう！

ゆりかごを動かす手は、世界を
動かす。

南第二中
[redacted]

（P.M. 2:00，にぎたつ会館）

タックルに成功
二人でスクラム
トライでオギャー

[redacted]

人生経験　豊富な（？）先輩から
あたたかいメッセージが　とどきました
ので掲載致します。それぞれ家庭
と仕事の両方を見事にこなしている
偉人です。[redacted]が　これら先輩
を見習い健斗されんことを祈ってい
ます。

結婚おめでとうございます。
今，２人は主役。（第一幕）
体力・根気・忍耐・そして２人は
新しいスターのマネージャーに。
第二幕の開幕はいつ？

[redacted]

結婚　おめでとうございます。
6月12日の笑顔
いつまで持てるか楽しみです。
きっと　ハネムーンベビーですね

[redacted]

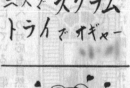

0発進

平成5年6月28日
研修通信
（第300号）
No.63
松山市立南第二中

300号達成 〜ありがとうございます。〜

理解深いよき先輩、あたたかい支援者である同僚、謙虚さあふれる後輩の目にみえない励ましに支えられついに300号に到達した。昨年4月6日第1号を出したときには今日の「0発進」の姿は想像もできなかった。新しい二中を創るための「夢を語れる場」でありたいと願っている。

4月に初めて南第二に来て校長先生から「うちの昨年の研修集録だから……」と手渡された"0発進"。ズッシリと成果の重さを感じました。

それから今日までいろいろな教育情報を提供していただき日々の研修に非常に役立っております。

平松先生には大変なご負担かと思いますがこれからも400号、500号とよろしくお願いします。

平成5年4月2日、校長先生より冊子を頂いた中のひとつに"0発進"があった。不安でいっぱいだった気持ちが、0発進に目を通していくにつれ、だんだんうすれていった。この1冊を見ただけで学校の様子、各先生方の取り組みがよくわかった。南第二中学校の"顔"ともいうべき0発進の記念すべき300号にのせて頂き大変光栄である。今後も500号、1000号と続けてほしいと思う。

0発進 BANZAI!（石）

斎藤茂吉の短歌、「彼岸に何をもとむるよひ闇の最上川のうへのひとつ蛍は」というのを、2年生に鑑賞させたところ、「よひ（宵）」が分からないという生徒が多くて驚きました。このように死語化していく日本語が年々増えていると思います。「いつくしむ」「謙虚」「ぬくもり」「おおいなる」など、「0発進」の随所に見られるような、豊かで美しい日本語を伝えていきたいと思う、今日この頃です。

"0発進" 300号おめでとうございます。すごい!の一言につきます。

毎朝、校内の出来事に対するコメントや教育の情報をすみずみまで読んでいます。

これからも楽しい情報、教育に役立つ情報を期待しています。500号めざしてがんばって下さい。

0からのスタート、毎日の積み重ねによる300号の通過点、見えぬゴール目指し突き進んでいる「0発進」に感謝するとともに平松先生の人間性がでているぬくもりある内容にどれだけ助けられた分、同じニッパチ組としてほこりに思うとともにこれから先、お互い体に気をつけて頑張りましょう。

私の0発進の読み方

- 目先にとらわれず長い目で読む。
- 記事の一面だけ見ないで、できるだけ、多面的・全面的に考察する。
- 枝葉末節にこだわることなく根本的に考察する。

以上3点を心がけ読みたいのですが、現実には、私の能力がついていけない。

しかし、深く読むこと、きちんと読むことは心がけています。これが発行者に対する礼儀だと思うからです。

一言で30号、されど300号！つぎは400号！（T）

300号おめでとうございます。毎日、教育情報や様々な記事を見ながら勉強させてもらっております。平松先生の御苦労のことを考えますし大変だと思いますがこれからも、私のためにも研修通信「0発進」をお願いします。

0発進300号おめでとうございます。社会の情報にうとい自分にとってとてもためになりスミズミまで拝見させてもらってます。大変だとは思いますが自分の様な者の為にがんばって下さい。

情報満載の0発進、愛読しています。新聞は毎日読んでいませんが、この0発進は必ず目を通すようにしています。これからもがんばって下さい。私の大切な情報源です。

第二十一回「たかが鉛筆、されど鉛筆」（八月二十二日掲載）

「他人のために尽くすことによって、自己の力を量ることができる」とはイプセンの言葉ではあるが、これを実行するということは、かなりな困難と遭遇する。

しかし…。

「平松君、三年部の主任をしてくれないか？」

「へぇ〜、僕がですか？」

坊っちゃんは、就職して初めて上司の命を素直に聞き入れられないと思った。坊っちゃんが預かろうとしていた学年は、元気者ぞろいの集団で、教師との人間関係が深刻な状況にある学年だった。

通常、学年主任の要職は一年部から経験させるのが常套手段。それをいきなり三年部とは。

「なぜ私なのですか？」と、このときばかりは素直でなかった。

「君しかいない。頼む。」の一言。

野球部担当どころの話ではない。三百五十人の「いのち」を預かるのだ！　しかも進路がかかる大切な学年。逃げたい気持ちが坊っちゃんの心を占領した。

その夜、教師になってからの日記を読み返してみた。「春風をもって人と接す。」逃げてはダメだ！　石墨の心を取り戻そう。

翌日、「やれるだけやってみます。」と返事した。やる気みなぎる先生方で三年部が結成された。先生徒の心を耕すためには、この新たな教師集団全員が「本気」になって生徒と関わるしかない。先生方には「あせらず・あなどらず・あきらめず」の精神での教育をお願いし、その一方で、先生方の陰の努力を学年通信で紹介し続けた。教師は、生徒には見えない世界での努力がすごい職業なのだ！　やがて、彼らは教師集団の「本気」を肌で感じ取るようになっていった。

高校入試前日、坊っちゃんは、生徒を前に「♪若者たち♪」をアカペラで歌った。果てしなく遠いその目標に向かって歯をくいしばって突き進んでいく彼らにエールを送りたかった。そして学級担任に鉛筆を一本ずつ配ってもらった。坊っちゃん手作りの「合格鉛筆」。

彼らは、それをまるでお守りのように筆箱に入れて入試に臨んでいった。

卒業式。一番元気者だったA君が「先生、ふん。」と言ってコンビニで買った餅を無造作に二個手渡してくれた。心が通った！

子どものために学校があり、子どものために私がある。教育の原点だ。

第二十二回「教えて、教えられる」（八月二十九日掲載）

「人は大きな目標を持ってこそ、おのずから、大きくなる。」

（シラー）

大島正裕『心に感動を呼ぶこの名文句』三笠書房

社会科を一度も教えたことのない二人の先生と一緒に、社会科の授業を担当することになった。

「どうしたものか」。

思案顔の二人に、

「百聞は一見にしかずだよ。いつでも見に来ていいよ。」

坊っちゃんのこの不用意な発言が、アンビリーバブルな世界を創出する。なんと二人は、それ以来、毎回、教室に姿を現したのだ。

「起立、礼」から授業終了のチャイムの音まで、坊っちゃんの授業は、つぶさにメモされていく。板書や発問、あまり生徒に受けない「寒い？」ジョークまで。二人はときには生徒になりすまして、平気で質問したりする。手強い？生徒だ！

坊っちゃんは、これまで何度も授業を公開してきた。でも、それらは事前にプランを練った「お祭り授業」。この奇妙な生徒の出現により「普段着姿の授業」を公開しなくてはならなくなってしまったのだ。しかも連続ドラマのごとく…。

二人の生徒は授業後、

「今日の授業は勉強になりました。」

なんて、すまし顔で授業評価を下す。坊っちゃんは知っている。そんな一般論のときはあまり役立っていないことを。具体があるときは、彼らは確かにマイッテイルのだ。

「勉強しなくっちゃ！」

それにしても四十歳を過ぎて、学年主任の立場で、こんなに授業研究に燃えるなんて！　それが不思議と楽しくもあるのだ。

ある日、校長先生が何の前触れもなくこの様子を参観に来られた。一時間中、何も言わずににこにこ頷いているのみ。授業後、

「平松君、毎時間、こんな授業をしているのかね。」

「ハイ。」

「うんうん。」

それでオシマイ。何なのだ！

が、坊っちゃんは、あることに気付かされた。「勉強させてあげる」つもりが、「勉強させていただいている」のだと。教師を何年もすると、授業の「マンネリ病」に罹るもの。「過去の遺産」でその場を取り繕ってしまう。彼らの出現は、その「病」から坊っちゃんを救ったのだ。

「魚は食いたい、足はぬらしたくない」（シェークスピア）の精神では、いつまでたっても「授業力」は向上しない。自分の授業を公開する勇気が自らを高める原動力になる。あの時「生徒」だったＹ先生は今や「授業の達人」の域に達している。

実践授業「不得意教科を克服しよう」（松山市教育研究大会での授業）

この授業は、中学校教師となった一年目、三十四歳の時の授業である。松山市教育研究大会「生徒指導部会」の研究会場校になったため、二年部を代表して焦点授業をすることになった。
授業日　昭和六十二年十一月十八日（水曜日）第二校時
学　級　二年五組四十四名　男子二十二名、女子二十二名
主　題「不得意教科を克服しよう」
［主題設定の理由］

○　中学校二年生の二学期は、学校生活の慣れからくる生活のマンネリ化がみられ、学習への興味を失う時期でもある。この時期の生徒は「勉強は三年生になってから頑張ればよい」と安易な考えが支配的であり、計画的な学習への意欲が停滞しがちである。しかし、二学期は、体育大会、文化祭、合唱コンクール、新人戦、生徒会役員選挙など中堅学年として幅広い活動の「場」が設定されており、特別活動面での創造的で自主的な活動には期待される学年でもある。

一方、二学期の中間テストが終わった時期には、生徒にとって深刻な学習上の問題が生じてくる。特に、テストに失敗した教科などは、不得意教科として学習に興味を示さなくなったり、その学習を避けようとしたりする傾向が表れ始める。この傾向を放置しておけば、やがて学習全体へ影響を及ぼし、学校生活そのものまでも無意味なものにしてしまう恐れさえもある。

そこで、学習阻害要因を「性格」「学力」「身体」「学校生活」「家庭」などの視点で分析し、誰でも多かれ少なかれ不得意教科があり、その克服のために努力していることを認識させ、学習の意味や必要性について考えさせることによって、学習意欲を喚起させたい。単なる教科の悩みや不安の解消だけでなく、仲間の悩みや不安を自分のものとし、学級仲間で不得意教科への対応策を考えさせることによって、学校生活をより充実したものにするため、この主題を設定した。

○　本学級は、男子二十二名、女子二十二名、計四十四名である。

思考・行動面とも幼さがみられ、明るく無邪気な反面、自主・創造的な活動はみられず、全ての面で他律的である。学習に関しては、四月の実力テストの結果では九クラス中八番目

であったが、九月の実力テストでは二番目になるなど、クラス全体に「がんばろう」という
よい雰囲気ができつつある。しかし、全体傾向をみると、理科・英語・美術を不得意とする
生徒がかなりおり、学級として、この問題に対応しなければならない状況にある。

・得意教科ベスト3…社会（十三）、国語（十一）、体育（五）
・不得意教科…英語（十七）、数学（十）、理科・美術（八）
・計画的な学習…できている（十六）。できていない（二十六）
・学習阻害要因…私語、テレビ、意欲、学習方法、部活動

○　だれにも不得意教科があり、それを克服するための努力をしている事実を認識させ、［PLAN計画］→［DO実行］→［SEE評価］→［ACTION挑戦］の継続的な生活のリズムが必要であることを理解させたい。そのために、学習形態をパネルディスカッション風にして、仲間の体験や経験に自分との共通点や相違点を見い出しやすいような工夫をしたり、担任教師の「裸・生」の体験を聞いたりして、学習改善や不得意教科を克服しようとする意欲を高めたい。

［授業のポイント］

教師主導型の「学級指導」と生徒主体の「学級活動」を融合させる授業の提案である。そのための提案として、前半は「不得意教科は克服できる」という立場と「不得意教科は克服できない」という相反する立場で、自分の体験をもとに意見表明し合うパネルディスカッションを行った。あくまでも生徒主体の話し合い活動を進めるねらいがある。

後半は、学級担任そのものを生きた「教材」として生徒にさらけだす活動を取り入れた。題

して『平松少年物語』である。学級担任として生徒の前に立つ教師が、小学校時代、いじめられ、スポーツもできない、勉強もできない少年であったことは、生徒に衝撃を与え、「自分も努力しなければ」という意識が芽生えたようである。

[授業の実際]（後半の教師の語りの部分のみ）

T「これから先生の体験をお話しさせていただきます。」

T『平松少年物語』を黒板に記入

S（多くの生徒の笑い声）

T「先日、みなさんが先生をどう思っているかについてアンケート調査をしましたね。これがその結果です。」

T（アンケート結果を提示）

T「『たよりがい』、『おもいやり』『おもしろさ』は多いですね。『かっこよさ』…これだけしかありませんでした。」

S（ほとんど全員、爆笑）

T「『勉強できる』、これはほとんど。『頭がよい』、これは全員が、YESでした。」

T「これをみると、みなさんは先生のことを『勉強ができて、頭がいいんだ』と思ってくれているよう

ですね。」

T「そのとおり、頭がいいんですよ。」

S（さらに爆笑）

T「今の先生は。今の先生は…。」

T「証拠を見せます。」

T（資料提示）

T「これは国家公務員上級試験の結果を示した愛媛新聞の記事です。ここに『平松義樹』の名前が…。」

S（小さな笑いとシーンとして沈黙）

T「これは兵庫教育大学大学院の二年間の成績表です。すべて『優』です。頭がいいでしょう。今の先生は…。今の先生は…。」

S（小さな笑いと沈黙）

T「今の先生は、みなさんがイメージしているとおりの先生なんですが、小さい時は、勉強できない、スポーツできない、いろんないじめを受けていた少年だったんですよ。」

S「…信じられない…。」

S（ざわざわ）

T「そうだろうね。今みなさんの前にいるおじさん先生の小学生の時のことなんて想像できないよね。」

S ……。

T「それでは、先ほどと同じように証拠を見せますね。」
T「これは小学校四年生の先生です。もう肥満体でスポーツはダメ、勉強もダメ、いろんないじめを受け、どうしようもない少年でした。」
S（口々に「信じられない…。」）
T「このとき作った文集です。『運動会』のタイトルのことを『運道会』と、『動』でなく『道』と書いているんですね（生徒爆笑）。変な少年だったのでしょうね。でも、それから努力した。頑張った。諦めなかった。先生のお父さんから三つの『あ』をプレゼントされたからです。『あせらず・あなどらず・あきらめず』です。この言葉があったから、今の先生があるのかもしれません。」
○教師の体験を「教材」として提示した後半は、爆笑と沈黙とが入り混じった雰囲気の授業になった。生徒の心に響いた授業だった。学級担任として「私を語る」ことの教育的意義を再確認した。

学級経営「学級にコミュニティを創る『なんでも帳』の実践」

家庭や地域の教育力の低下が叫ばれている。学校と家庭と地域の連携の重要性が叫ばれている。「どうすればいいのだ」との「問い」に対する一つの私なりの「答え」がこの実践である。学級の中に地域コミュニティを創ろう、そして、お互いを知ることによって信頼関係を構築し、教育実践に生かそう。そう思って始めたのが『なんでも帳』。このノートには、「誰でも、何を書いてもいい」というルールしかない。月曜日に一番前に座っている子にノートを配り、火曜日は後ろの席に座っている子、水曜日は次の子というように順番に回覧していく。書きたくない日は、何も書かなくていい。他の人がどんなことを書いているのか読むだけでもよい。土曜日に私の手元に届き、私もコメントを入れて、月曜日に、また配布する。ただこれだけのことである。こんな実践が役に立つのか、役に立つのである。

次に紹介する「父としてこの頃思うこと」は、当時、反社会的な行動をして、何者をも恐れない行動をとっていたT君のお父さんが勇気を出して投稿してくださったものである。これを読まれた多くの保護者から、自らの教育観を見直すきっかけになった、などのご意見をいただいた。

人間関係が希薄化して問題があるのなら、濃密な人間関係を創るアクションを起こせばいい。人間同士の信頼関係に問題があるのであれば、それを改善する手立てを講じればよい。ただそれだけである。「ない」から何もできないのではない。「やろう」という意欲と実践力がないだけである。

「父としてこの頃思うこと」

私は、昭和二十一年生まれの四十一歳。

当時、父母と子の愛は戦争とか、貧しさを舞台に、死を目前にしながら、親子は一言、「お別れです」「気を付けて」と交わし、礼儀正しく別離の挨拶をしている場面を映画や雑誌の中で観た。

去ってゆく我が子の姿を見守りながら、父は堪えていた涙を拭い、母は物影で声を出して泣いていた。子も、その様子は背中で十分承知しているから、多くを語らずとも父母に感謝し、最後の手紙に心の中にあるものを書くだけで、死ぬことさえ怖くなかったのだろう。

父親は多くを語らず、何もかもわかったような顔をして、厳格な父として居座っている方が立派な人に思えた。だから私が子供の頃、父母との愛より、貧しさに憤りを感じた記憶の方が多い。

校則やら何やら煩わしいことはたくさんあったし、悪いことも今の子供たちより多かったように思うけど、自由で楽しかった気がする。

学校の先生が、名実通り人生の師であったと思う（もちろん両親も…。）

それからしばらく、親と子について真剣に考えることもなく時が経ち、気が付くと父親になってしまった。

物があふれ、豊かになり、ある面で幸福な時代になっていた。そして今も、子供が生まれ、喜び、幼いがゆえに、可愛いがゆえに十分な愛情を与えた。世間の大多数の人がそうであると思うけれど、必要以上のものを与えたことがないとは断言できない。

それは、子供のためにではなく、ある面で自分自身の安堵のためと満足感のためではないかと子供に問われたら、返答に今となって自信がない。また、そのことが愛情と言えるかということも同じである。

三歳や五歳の子供の姿が脳裏に焼き付いて離れないままでいるのに、子供は親の身長に近づき超える頃になってきた。

思い通りにならないことで、親は口うるさくなってしまう。実は、もう少し早い時期からそうであったと思うけれど、親の心の切り替えるスピード以上に子供の成長が早いことを思い知らされる。

自分が逆の立場になったら同じことを言うと思う。甘やかせる時は甘やかせておいて、いざ受験・勉強が第一、お母さんの友達の子は東高、近所の家の子は南高と両親の話題は集中する。親の身勝手と思うに違いない。

だけど、どんなに悪い子でも、勉強ができなくても、いくら親が注意しても直そうとしない子であっても、子供が憎いと思う親はいないと思う。

悪態をついても、心の中で我が子を心から愛している。

そして、大きくなり、人間として対等の人格を持ち始めた子供に対する愛情の表現の下手な自分がとてもやるせなくなる。

心の中にある言葉と、口に出る言葉がどうしても一致しない。

心の底には、自分が幼い頃経験したあの無言の美徳が父親として必要だとも思うし、強く叱った後で、目頭を押さえながら、自分の子だから、きっとわかってくれる、後ろを振り向かずとも、この涙を心の中で見ていてくれると自分勝手に思い込んでいる自分にこの頃気が付く。

昔と今を思い、中途半端で何を書いたのか、何を書けばよかったのかわかりませんでしたのでお許しください。

子供に能力以上のことを望む親のエゴを私は好きではありませんが、能力があるのに努力しないで別の快楽にエネルギーを注ぐ者には、長い人生に悔いなきよう、時間をかけてでも親のエゴを通したいと思います。

最後に、筆では表現できませんが、このような「ふれあい」の場を作って下さる先生の教育に対する心に感謝致します。

無感動で無関心で無気力な時代にあって救われる思いで書きました。

感動しました。


この父親のメッセージを受けて、私は、『なんでも帳』に、三十三間堂の和尚さんの言葉を書いた。

『花をのみ、待つらむ人に山里の雪間の草を見せばや』

花にもいろいろありまして、サクラだけが花じゃない。路に咲く花、タンポポ、スミレ、夜に咲く花月見草。ドクダミもあればボケという花もある。みんなせいいっぱい咲いている。人間だって同じ…。歌手に俳優、芸能人。政治家先生、文化人、スポーツ選手に芸術家、角界名士、有名人。光源氏にナポレオン…。華やかな、そんなのだけが人生じゃない。

『花は紅、柳は緑』。あるがまま、ありのまま、自然法爾、シンプルライフ。『遊びの数だけヒーローがいる。女性の数だけ美しさがある』というCMがあるが、けだし名言。アンタがヒーロー！　君は君だけのオリジナル。あなたにしかできない、歩けない素晴らしい人生。一筋の道があるということ。『この道や行く人なしに秋の暮れ』と詠んだ芭蕉さんのシュチエーション。十人寄れば十色、百人百態、千紫万紅。人それぞれに各々の見方・考え方・生き方があってあたりまえ。『色々あらあな！』という道理。でも、人生は照る日、曇る日、泣き笑い。栄枯盛衰、風に吹かれたシャボン玉…。だが、しかし、どんな時代・環境でも、あなたが生きる道があるはず…。だから、“Going my way”。自らの歩幅で歩くほかはない。『なんの世間が笑おうとままよ』。自分の仕事・役割を、我が人生を演じきること。精一杯、自分を燃やして光ること。これが『一隅を照らす』と言われた伝教大使の感慨。『天上天下唯我独尊！』と宣言されたお釈迦様の心意気。深海に住む魚族のように、自分で燃えなければどこにも光はないのだ。輝く未来は、いま、あなたの手中にある。「風立ちぬ、いざ生きめやも！」二度と繰り返すことのできない一生を、後悔することのないような人生にするために。

第四部

―松山市教育委員会・愛媛県教育委員会松山教育事務所時代―

仕事は高貴なる心の栄養だ

セネカ

大島正裕　『心に感動を呼ぶこの名文句』　三笠書房

第二十三回「指導主事を拝命するなり」（九月五日掲載）

平成八年四月、坊っちゃんは、なんと松山市教育委員会の指導主事になってしまった。指導主事といえば、かつて新採の時に学級活動の授業を絶賛してくださったH先生がされていた思い出深い職である。学校の先生方から「指導主事さん」と「さん」付けで呼ばれる立場。すごい人たちがなるんだろうと思っていた。ところが、こともあろうに、坊っちゃんがなってしまったのだ！

着任と同時にプロの仕事を求められた。

学校から書類や指導に関する問い合わせ多数。さらには市民からの苦情やお叱りの電話の連続。つい昨日まで子どもと走り回っていた坊っちゃんに行政の対処の仕方が分かろうはずがない、初日から電話恐怖症に陥ってしまった。

市民からの苦情の電話に、なすすべもなく受話器を握りしめたまま一時間三十分。終わったと思ったら、

♪リリーン♪

「先輩、お願いします。」

「電話を取らないと仕事をはやく覚えられないぞ！」

との優しきご指導。トホホ。

K中学校のK先生の社会科の指導訪問があった。

「指導主事さん」なんだから指導のプロ中のプロでなければならない。坊っちゃんは、そう信じ込んで気負っていた。

しかし、坊っちゃんにそんな力があろうはずがない。坊っちゃんは、その軽さを隠そうと、わざと厳めしい表情で教室に乗り込んだ。

ところが、これが苦痛で堪らない。ひょうきんなK先生と生徒たちとの絶妙な遣り取り。教室中にスカッとした笑いが充満している。この場において、厳しい表情をし続けることは、きっとマジシャンにしかできないだろう。

その魅力ある授業に、ついのめり込んでしまった。坊っちゃんは自分の立場を忘れて、生徒と共に「学ビスト」になって爆笑してしまっていた。

後の授業検討会。

坊っちゃんの顔は自ずと柔和に。

「まれに見るすばらしい授業を拝見…。」

どこかで聞いたことがある？　坊っちゃんは感じたままを素直に語った。坊っちゃんの目からみたK先生の授業は完璧であった。「教材解釈力」と「生徒把握力」、「授業構成力」に優れ、何よりも授業に対するパッションが素晴らしかった。

坊っちゃんの指導は、かつて、H先生が指導してくださったドラマの再現そのものであった。

第二十四回「教師冥利に尽きる」（九月十二日掲載）

全日本女子バレーボールチームが、松山でオリンピック強化合宿をすることになり、市長表敬訪問のため市役所にやってきた。

緊急の仕事をしていない者は市役所玄関前に集合、という伝達があり、坊っちゃんも整列した。玄関前は一般市民も含めて黒山の人だかり。

やがて、監督を先頭に、テレビでおなじみの選手が入ってきた。大林、中田…。さすがオリンピック選手、整然としたその入場姿は「凛」として見事である。観衆も歓声を上げ、その姿に魅了されていた。坊っちゃんも夢中で拍手を送っていた。

そのときである。

「平松先生じゃないですか？」

ドキン！　見目麗しき一人の選手が小走りに握手を求めてきたのである。

なんと佐伯美香選手！

「なぜ、ここにおられるのですか？」

「今、教育委員会にいてね…。」

佐伯選手が声をかけたのと同時に「どなた？」「恩師です」。

他の選手までもが、坊っちゃんのところに集まってきた。大林選手、中田選手に握手を求められた。坊っちゃんは頭をかきかき求めに応じた。

周囲の観衆の関心事は、この怪しげな男の正体に集まった。オリンピック選手が、中年の風采の上がらない男に向かって笑顔で話をしているのである。

この怪しげな男は一体何者なのか。周囲はこの謎解きをしたかったに違いない。確かに、この光景は、坊っちゃんには似つかわしくなかったかも？

職場に戻ると坊っちゃんはスターになっていた。

「先生、佐伯選手をご存知なんですか？」

「さっき握手したでしょう。ボク間接でいいから握手したいな。」

興奮が続いていた。

そのときである。当の佐伯選手が職場に姿を現したのである。

「先生ぇ～い。」

その場は一気にヒートアップ。懐古と談笑の豊かな「とき」が流れた。

確かに、坊っちゃんはバレーボールを通して、彼女と少しだけ「ゆかり」がある。彼女が今あるのは、彼女の弛まない努力の結果であるにもかかわらず、彼女は所縁ある人たちへの感謝と報恩の気持ちを忘れない。彼女から「先生」と呼ばれてもらえる坊っちゃんは「教師冥利に尽きる」。

ビーチバレーに転向してからも、坊っちゃんは彼女の大ファンである。

彼女の人生、幸多かれとこれからもエールを送り続けたい。

第二十五回「摩訶不思議な物語」（九月十九日掲載）

世の中には理屈では説明できない「摩訶不思議な世界」があるものだ。

坊っちゃんは、愛媛県教育委員会松山教育事務所の指導主事になり、K小学校を訪問した。理科の参観授業があった。

中堅のセンスあるA先生の授業は見事に進んでいた。

坊っちゃんは、授業を拝見するときは、前から参観するのを常としていた。子どもの瞳を見れば、「わかる・できる・楽しい授業」であるかどうかは容易に判別できる。その授業は、魅力的な教材が子どもの心をつかんだすごい授業だった。

ところが、ある一人の子どもの表情が、周囲の子とは明らかに違っていることに気付いた。

暗い！

目がまどろんでいる！

元気がない。

どうしたんだろう？

坊っちゃんは、参観授業の際には、デジカメを持参し、後日、世界に一つしかない写真入りの礼状を贈る「癖」があった。その日も子どもと先生の「見せ場」をカメラに収めようと構えていた。が、撮ろうという意思がないまま、シャッターが自然に下りた。自分としては不可解な動きだった。

できあがった写真を入れてA先生に礼状を送った。約一ヶ月後、A先生から返事が届いた。なんと、その手紙には世にも不思議な「世界」が認められていたのである。坊っちゃんが、他の子どもたちとやや違和感を感じていた子は、不登校児童だったというのである。

あの日、たまたま学校にやってきて、好きな理科の授業だけ参加していたらしい。坊っちゃんが撮った写真の真ん中に、その子がいた。

A先生は、

「これは偉い先生がくださったはがきだよ。君が一番アップに写っているから大切に持っておくといいよ。」

と、その子にあげたのである。なんと、その子は、翌日から毎日、登校し始めたというのである。

うそみたいな本当の話。坊っちゃんが偶然写した一枚の写真とA先生の粋な計らいが、あの子を学校へ導いたのである。

「自己に絶望し、人生に絶望したからといって、人生を全面的に否定するのはあまりにも個人的ではないか。人生は無限に深い。われわれの知らないどれほど多くの真理が、美が、あるいは人間が、隠れているかわからない。それを放棄してはならぬ」　(亀井勝一郎)

大島正裕　『心に感動を呼ぶこの名文句』　三笠書房

教育は、このことを教える崇高な世界なのである。

第二十六回「『平成坊っちゃん物語』終章」(九月二十六日掲載)

今日まで、坊っちゃんの「教師成長物語」(?)の光の部分を綴ってきた。

教育は「光と影」の両面があるものである。しかし、私は、この「連載」で、あえて「光」の側面を語ってきた。現在、学校をめぐる問題は山積されている。暗いマイナスの話しか出てこない。こういう時代だからこそ、あえて教育の「光」を語ることによって、「夢」を見たかったのかもしれない。読者に教育の「ロマン」を感じていただきたかったのかもしれない。

ここに綴ってきた『坊っちゃん物語』は、数多くのよき人たちとの「出会い」によって織りなされた「世界」である。坊っちゃんは、これらの方々に生かされている宿命と感謝の気持ちを、決して、忘れることはないだろう。

『平成坊っちゃん物語』の最終章は漱石風に!

我輩は犬である。

名前はミロ。

捨て犬であった我輩を、お嬢さんが救ってくださった。

平松家に来て、もう十年になる。

我輩は、毎日、ご主人様の散歩にお供しその日のご機嫌を伺っている。

ひょんなことからご主人様が、愛媛新聞の『四季録』に連載を書かれることになった。我輩は、「これは過大評価し過ぎだ」「へぇ～、そんな一面もあったのだ」と、面白おかしく読んでいる。

我輩の目からみると、結局、坊っちゃんは坊っちゃんである。

ご主人様は、蛇どころか脊柱動物以外の生き物を苦手としている。ゴキブリ退治さえも奥様に頼っているありさま。

ピアノ伴奏も「グリーングリーン」で指が動かなくなったことを教訓ともせず、お嬢さんのピアノ発表会で連弾を申し出る始末。結果は明白。途中で指が止まり、最後の和音で何とか帳尻を合わせ、その場をしのいだ。困ったことだ。

が、尊敬するのはご主人様の一途さである。ご主人様は仕事ばかりか家業の手伝いも全力投球。さらには、坊っちゃんの両親や家族に対する愛はあふれんばかり。時々、その一途さが突っ走りになることは、平松家では暗黙の了解になっている。

ご主人様は、現在、大学教員になられ多忙を極めておられる。が、本音を言うと、坊っちゃんは、いつまでも坊っちゃんのままでいてほしいのである。（作・平佳子）

「春風をもって子どもと接す！」ご愛読・深謝。

第五部

理想主義のない現実主義は無意味だ

――ロマン・ロラン

大島正裕　『心に感動を呼ぶこの名文句』　三笠書房

第1話　“Wir sitzen alle in einem Boot.”～宇宙船地球号の乗組員たち～

本論文は、平成三年に文部科学省の海外教育事情視察研修員としてヨーロッパに派遣された時の体験を、四十歳の時にまとめたものである。ちょうど小学館が「明日の教育を考える提案論文」を募集していたので応募してみた。国内外から千五点が応募され、五点が入選した。

一　ハイム校長との出会い

平成三年十月十五日火曜日。私は旧東ドイツのベルリンから二百キロメートル離れたザクセン＝アンハルト州の中心的な都市であるマグデブルクから、さらにバスで二時間ばかり走ったアシャースレーベンの小さな片田舎、ホイムの小中合同学校を訪問していた。文部省の海外派遣教員の一員に選ばれて、教育環境や施設等の視察をするのが目的であった。

通訳の湯沢さんが、

「日本人で当地を訪問したのは、先生方がおそらく初めてでしょう。」

と話されたとおり、その古風で辺鄙な村は、まるでテレビに出てくる中世そのものであり、鄙びた建築物は、私たち一行をタイムスリップした心境にさせるに余りあるものだった。時が止まった状態とはこういうものを言うのかもしれない。私は言葉には表現できないようなカルチャーショックにおそわれた。統一ドイツの誕生から三年も経つのに、このホイム村は『現代から置き去られた陸の孤島』の様相そのものであった。

私たちが訪問した合同学校は、ホイム村の中心部にあった。その中学校で私の目には、数々のまさに奇異な光景が飛び込んできた。特に、次の三点は、帰国後三年経った今も鮮明に覚えている。

一つ目は、生徒は自由な頭髪・服装で学習していたことである。髪型は自由であり、リボンはおろかパーマさえあてている女生徒もいた。爪には当然のようにマニキュアを塗っており、イアリングや化粧をするのは当たり前のようであった。日本の中学生のような初々しさは一片も見られず、大学生の風貌さえもっていた。

二つ目は、学習環境の粗末さである。ホイム村の状態からして、経済的に恵まれた環境は望めないにしても、黒板は小さく、一部が破損していたし、体育館は天井も低く、日本の教室よりやや広い程度であった。私には、オリンピックで活躍していた東ドイツの選手のイメージが強いため不思議でならなかった。また、背面掲示板には映画俳優と思われる写真がいたる所に貼られ、中にはヌード写真の女優の姿も見られた。日本の教育からは信じられない教育環境であった。

三つ目は、私が参観することのできた社会科

の授業では、一人ひとりの生徒が教科書を持っておらず、二人ないし三人が一冊の教科書を使って授業を受けていた。五十過ぎの年配の女性教師が討論をさせ、黒板に記録させながら授業を進めていたが、教科書なしの教育は、私の範疇外の教育論であった。

私が日本の教師の目で見た光景は、まさに異文化の価値観の中で育成されたものであり、私には理解が困難な教育の姿そのものであった。私は日本人の価値観で合同学校の校長先生であるエレック・ハイム氏に多くの質問を浴びせた。彼は、眉間に皺を寄せて次のように語ってくださった。

服装については、「個人の問題であり、本人と保護者の責任の範囲で自由にしている。それでいいのではないか。日本のように学校が制服を決めて一つに統一し、それによって拘束する資格が教師にあるのか。」

環境については、「ヌードは、確かに問題ではあり検討している。しかし、東ドイツの時代のように思想的に統一され、個が全体に埋没するようなことがあってはならない。統一ドイツが誕生して、資本主義的自由思想が導入され、私たち教師も混乱している。掲示してあったポスター等は、生徒一人ひとりがベルリンまで行って自分で選択してきた大切なものなのだ。言わば、一人ひとりの所属感を示しているとも言える。しかし、この点は、今後検討していくつもりだ。」

教科書については、「東ドイツと西ドイツの統合は、民族にとって大きな歴史的価値がある。しかし、教師そのものも小さい時から親や教師に東ドイツの社会主義的思想を教え込まれてきた。宗教は麻薬だとも教えられてきた。価値観をすぐに転換するということは、宗教一つとっても難しいことだ。東ドイツ時代に働いていた教師は、再度試験を受け直さなければ教師を続けられず、約六千名が解雇された。教育改革者としてふさわしいかとか、国家保安警察関係者でないかなどとチェックされる。歴史の教科書は、まさに歴史観を百八十度転換することになる。現在、ベルリンから取り寄せて使っているが、教育改革が完了するまでの過渡的なものとして捉えてほしい。」

ハイム氏の答弁を一つ一つ聞いていて、まさに統一ドイツ後の混乱状態を、教育のレベルで見ることができた。私は日本人の価値観でホイムの合同学校の皮相的な面のみしか見ていない自分に気付き、恥ずかしさとともに自分の価値尺度で異文化をみることの愚かさ

を感じ始めていた。

二　ハイム氏の日本観

ハイム氏は、日本人と出会ったのは初めてであるという。しかし、ドイツの代表的な週刊誌『デア・シュピーゲル』(der Spiegel) や『教育』(Bildung und Erziehung) などの雑誌で日本のことはよく勉強されていた。日本のイメージは「地震が多い。人口が多い。金持ち。箸を使う民族。エレクトロニクスが有名。体罰。柔道・空手。規律正しい民族」だそうである。

日本の教育について質問すると、

「日本の教育水準は、世界トップクラスで優秀ですね。しかし、非人間的ですよ。試験地獄と呼ばれる入試制度があり、それをクリアするために子どもはゆがんだ競争心理をもったり、自殺したり、校内暴力をおこしているではありませんか。先生が教育するのに、なぜ生徒を叩く必要があるのですか？」

それを聞いて、私はびっくりするやら恥ずかしいやらで、その場にいたたまれない心境になった。確かに、高い教育水準は日本経済の飛躍的な発展の一大要因にはなっているものの、ヨーロッパ的発想からすると、あまりにも非人間的な教育が展開されているように見えるのである。日本の教師全てが体罰をしているなんて考えないでほしいと反論したかったが、言葉に詰まってしまった。

「柔道・空手」はドイツでは人気スポーツだそうである。そういえば、体育館の入り口にポスターが貼られていた。ライプツィヒに日本の青年が来て広めたそうで、練習用の道場もあるそうである。名もなき一人の日本青年の国際貢献の姿が垣間見えた。

三　二人のドイツ人教師との出会い

その夜、マグデブルクのホテルで答礼懇談会を開いた。校長先生はじめ全員の先生方が参加してくださった。その席で、シルヴィア・ヴォルマン、ギゼラ・ゴルトベルクという初老の女性教師二人と交流をもつことができた。もちろん、相手はドイツ語のみしかしゃべることができず、私も語学力がないため、英語とドイツ語の単語を羅列することしかできないものであったが、同じ教育者ということで意気投合し、身振り手振りの、内容はあまり理解できていない奇妙な会話が交わされた。「ドイツ語で堂々と日本の哲学を語り、民族の思想を説明し、日本人特有のきめ細かい感性を伝えることができたらどんなにか理解し合えるだろう」と、もどかしくて仕方なかった。しかし、時間の経つのも忘れるほどの充実した三時間であった。別れ際、お互い文通をして、この出会いを教育に活かそうという約束をし、固い握手をして別れた。

四　便りのない片道クリスマスカード

帰国して三年間、私はＰＴＡや保護者、生徒の前で、私の見た「ヨーロッパ」を語り続けた。ドイツの平原に夕陽が沈む光景がどんなものか、ベルリンの壁が崩壊してドイツがどう変わろうとしているのか。ビート栽培をしている写真やホイム村の町並みのビデオなどを織り交ぜながら熱弁をふるった。

しかし、なぜか虚しさを感じていた。帰国後、親しくなったあの二人の教師に手紙を書き続けているのに、返事がこないのである。なぜなのか。私は自問自答し続けた。私が送る手紙は、宛て先不明で戻ってこない。それならば、相手の手元に届いているはずである。「新年の挨拶やクリスマスカードなど、慣れない英文に訳しながら書き続けているのに、返事を書かないとは失礼な話だ」と、勝手に憤慨したりもした。「ドイツ人は律義でないのか」などとプライベートな小さな問題を、誇大視して民族性にまで発展させている自分が嫌になったりしていた。

そんな日々を送っていたとき、夏休みにドイツ旅行をしてきた同僚が、

「それは、書きたくても書けないのじゃないのか？　私が見たのは観光地ベルリンだけど、バスで移動して見た旧東ドイツには、貧しそうな村もあったぞ。」

とアドバイスしてくれた。私は、ハッと我に返った。私が見たホイム村の家々が脳裏に蘇ってきた。煉瓦づくりの壁は崩れ、道路は舗装されておらず、鉄道の信号も手動式であったあのホイムの村。まさに、あの光景は中世そのものであったのだ。『現在から置き去りにされた陸の孤島』ホイムの先生に、私は「現代」から「中世」に向けて表面のみ美しく包装されたクリスマスカードを贈り続けていたのである。「私たちは、生きていくのが必死です。」と語られたハイム校長先生の言葉がやけに大きく耳元に届いてきた。

五　教え子ドイツに飛ぶ

そのことに気付いてから、私は短学活でドイツの教育について語ることが多くなった。経済的に

恵まれ過ぎた日本人の心の貧しさが問われている現在、ドイツ平原の小さな村の中学生の在り方が気になって仕方がなかった。私の話を生徒たちは遠い国のこととして面白半分に聞いていたが、やがて彼らは私の熱意を感じたのか、真剣に耳を傾けるようになってきた。そして、M君というおとなしい生徒が卒業文集にこんなことを書いて中学校を巣立っていった。

「僕は、平松先生のお話を何度も聞いて、同じ時代の人間として地球規模のスケールで物事を考える大切さを知りました。僕は将来、外交官になります。そのために高校生になったら留学して、先生が見られたホイム村を自分の目で見てきます。ありがとうございました。」

そして、一年後。今年の七月十三日午後六時四十五分。松山空港に、ドイツのエッセンにＡＦＳの交換留学生として旅立つ彼の姿をみることができた。私は、うれしくて仕方なかった。日本の一人の若者が青雲の志を持って地球規模の視野を養うため、難関の試験をパスして、今、私が語り続けてきたドイツを目指しているのである。私は、固い握手をして一通の手紙を手渡した。

「もし、ホイム村に赴くことがあったら、シルヴィア・ヴォルマンとギゼラ・ゴルトベルクという先生にこの手紙を渡してほしい。これは、先生の心の便りだ。」と。

彼は、しっかりとそれを握って機内に消えていった。

六　国際化時代における日本人の生き方

今、日本人は一年間に一千万人もの人が海外旅行をしているという。日本の人口の約十分の一にもなる。日本経済の象徴である「円」は、まさに地球そのものを飲み込んでしまいそうな勢いである。旧東ドイツのテレビ塔に近いインターナショナルホテルの窓から、ＮＥＣやＳＯＮＹやＨＯＮ

DAのネオンが見えた時、小さな地球を感じずにはいられなかった。一体、一千万人もの日本人は、何を求め、何を考え海外旅行に行くのであろうか。

日本の豊かな経済力を背景にモノ・カネをばらまき、相手国の民族性や感情を無視して横暴な観光だけをして帰国する。または、外国風を学んでみる。本当にそれだけでいいのだろうか。

社会科の学習指導要領では、小・中・高の目標に「国際社会に生きる日本人の育成」という語句が付加された。このことをどう捉えればよいのだろう。私は国家レベルのどちらかが優位に立つ経済的な利害関係ではなく、一人ひとりの日本人が心と心のレベルでつながったよき理解人をもつことからスタートしなければならないと考える。「あなたと私」という並列的な関係ではなく、「あなたの私、私のあなた」という包摂関係においてこそ、国際社会に生きる真の日本人の育成ができるのではないかと考える。

ホイム村で見た中学校社会科の授業で酸性雨や砂漠化などの地球規模の環境問題を扱っていた。その教科書の小見出しが、今、頭によみがえってきた。

“Wir sitzen alle in einem Boot.”

そうなのである。国際化時代の教育に求められる視点は、このドイツの教科書に掲載されていた地球運命共同体的発想なのである。経済の最先端を進む日本の一つの都市である松山と、中世の景観をそのままに「現代から置き去られた陸の孤島」であるホイム村は、まさに運命共同体的存在なのである。三百六十度見渡す限りのビート畑が広がっていたドイツ平原も瀬戸内工業地域も同じなのである。

“Wir sitzen alle in einem Boot.”

なんて素敵な響きだろう。この視点を身に付けた日本人の育成、換言すれば、世界の人々が来るべき時代に、どのように生きていくのか、生きていくべきなのか、人類共有の文明の姿を心に描かせることが、これからの教育に不可欠なのである。私はドイツの二人の教師とコンタクトをとりながら、この言葉を合言葉に、毎日の教壇に全エネルギーを注ぎたい。小さな日本の大きな国際派教師として。

［参考文献］　日本教育会編『日本教育』No.184,185,186,187,194,195
（『総合教育技術五月号増刊　国際化時代の教育』小学館、平成六年三月号掲載）

第二話　「『授業実践哲学』のすすめ」

「先生方は、どういう『考え』で日々授業実践をされているのだろうか？」

ふと、この「問い」が私の脳裏を離れなくなった。かつて、私が中学校の社会科教師であった時、やんちゃな言動の元気過ぎる勉強嫌いなA君が、「先生、どうして勉強せんといかんの？」と、問うてきた。そのとき、私は、とっさに、「そりゃあ、将来のためだろう。今、勉強してないと将来困る」なんて、どこかで聞いたお決まりのフレーズでその場をしのいだ記憶がある。

あれから二十五年経った。今、A君に会って、同じことを問われたら、私は、なんと答えればよいのだろうか？

教師である以上、子どもが「分かる・できる」授業を提供するのは当たり前の話である。それができなければ、「教えるプロ」ではない。そう言い切れるほどの実践をしてきたと言いきれない私としては気恥ずかしくもあるが、やはり教師は「教えのプロ」でなければならないだろう。

あの当時、私はA君に対して、「社会科のテストの点をいかに取らせるか」のみに関心が向いていたように思う。点を取らせることだけが、教師の力量のような錯覚をしていたと、今になって猛省している自分がここにいる。A君が夢中になって楽しむ社会科の授業を創って、子どもと共に学ぶ喜びを味わうなんて発想は微塵もなかった。若気の至りである。

人は、夢中になって楽しんでいることについて、「なぜそれをしなくてはならないのか」という疑問を持つことはまずないだろう。夢中になって何かをしているとき、人は、時間を忘れてのめり込むものである。子どもたちが学びの理由や勉強の目的を質問してくる間は、まだ夢中になっていない証拠だ。「退屈だなあ」「この教科嫌だなあ」なんて思っているから、「どうして勉強しないといけないの?」という「問い」が子どもから教師に発せられるのである。私はA君に苦行でしかない授業を提供し続けていたのかもしれない。多くの人生経験を積んできて、そう思うようになった。

本来、「生きること」と「学ぶこと」と「勉強すること」は、同じ世界の物語の中で綴られるべきものだろう。社会の進展によって、膨大な知識が蓄積され、社会を継承・発展するためには、それらの知識の獲得が必要になってくる。その場が、学校の役割になってしまった。「人材」の選別・配分の機能が学校に担わされ、学校での学びが、「学び」の自然な在り方を崩壊させてしまいつつあるのかもしれない。「テストのために勉強しなさい。」としか言えない教師の苦しさを、子どもたちは見事に見抜き、そんな勉強は「不自然」だと感じ、「学びから逃走する」(佐藤学)ことを企てるのではないだろうか？

私は、そんな時代であっても、学校という空間には、他にない大きな可能性が潜んでいると信じて疑わない。子どもたちが集まって、一つの事柄を、協働的に、持続的に、知的に追究できる場所は、学校にしかない。こういう潜在的可能性がある学校の授業を担う教師のみなさんに、私は『授業実践哲学』を持ってほしいものだと常々考えている。そんな言葉は、私の造語だから『広辞苑』を開いてもどこにも説明はない。

私の言う『授業実践哲学』とは、「学び」を子どもの文脈に位置付け、「生きること」と「学ぶこと」と「勉強すること」を一体的に扱う授業観である。佐伯胖氏流に述べるなら、『学習』を学び手の内側にある広がる活動世界として捉え直す視点を開く」ということになるだろう。子どもにとって、学ぶ意味ある教育内容と対話し、やり取りする実践を通してこそ、「学び」が自分自身と向き合うきっかけとなり、反省的な思考を働かせながら、自分とは何かについて考えるようになるのではないか。優れた授業実践の根底には、そういう『哲学』が流れているような気がしてならない。

「学習」とは、そもそも、学んだことを生活に活かし、それによって自分の世界を広げたり深めたりするために行われるものではないのか。しかし、学校における子どもの学習は、このような「実質的な意味」におけるよりも、テストで評価を上げ成績を高めて、学校制度の梯子を登るという「制度的な意味」において体現されているような気がしてならない。現在の学校では、「実質的な意味」での学習がやせてきて、「制度的な意味」での学習が肥大化し、バランスを失しているのではないだろうか。だから、子どもたちは叫ぶのである。「先生、どうして勉強せんといかんの？」と。

このようなことを考えたとき、学校において、多様でかつ豊かな学習体験の場と機会を創り上げ、子どもたちが夢中になって取り組む授業を創る必要がある。それこそが「教えのプロ」の授業力である。

本冊子に掲載されている授業のエキスパートの先生たちの授業例には、「教えのプロ」としての技ばかりではなく、その根底に流れているパッションや『授業実践哲学』も述べられている。学習指導案にある子ども観や教材観からは、「制度的な意味」にシフトし過ぎている学習から「実質的な意味」の学習を取り戻すための手立てが随所に述べられている。特に、「授業改善のポイント」からは、それぞれのエキスパートの『授業実践哲学』が読み取れ、面白く拝読できる。

もし、今度、A君に出会ったら、私は迷いなく彼の「問い」に答えるだろう。

A君「先生、どうして勉強せんといかんの?」、私「そりゃあ、人生を楽しくするためさ。ほら、大工さんが家を建てるのに、金槌やのこぎりが必要だろう。それと同じように、社会を見るためには、三権分立や平等・権利などの『概念』がいるんだ。顕微鏡がなければ、『見えないもの』は見えないだろう。A君の人生を楽しくするために、学ぶんだよ。『見えないもの』が見えるようになると、面白いぞ。」と。

「生きること」と「学ぶこと」と「勉強すること」を同じ世界の物語として、子どもたちに綴らせよう。それが『授業実践哲学のすすめ』である。現代の学校がおかれている環境は厳しいものがある。しかし、「明日、学校に行って勉強したい」と言えるような授業を創りたいものだ。それが「チーム愛媛」の底力である。

(愛媛県教育委員会『授業のエキスパート養成事業報告書』掲載)

[参考文献] 高垣マユミ編著　授業デザインの最前線Ⅱ』　北大路書房
佐伯胖著　『「わかり方」の探求』　小学館

第三話 「教える能力というのは面白く教える事である」

アインシュタインの言葉である。アインシュタインはこう強調する。

「もしある学級の進歩が平均以下であるという場合には、悪い学年だというより、むしろ先生が悪いと云った方がいい。大抵の場合に教師は必要な事項はよく理解もし、また教材として自由にこなすだけの力はある。しかしそれを面白くする力がない。これがほとんどいつでも禍の源になるのである。先生が退屈の呼吸を吹きかけた日には生徒は窒息してしまう。教える能力というのは面白く教える事である。どんな抽象的な教材でも、それが生徒の心の琴線に共鳴を起させるようにし、好奇心をいつも活かしておかねばならない。」

(『寺田寅彦全集』第二巻「アインシュタインの教育観」)

同じようなことを、アメリカの教育哲学者J・アドラーも言っている。

「教えることのできない子どもというものはいない。あるのは子どもたちにうまく教えられない学校と教師だけである」

(『パイディア提言＝教育の宣言』)

私たち教師にとっていずれも耳が痛い言葉である。しかし、授業の本質を突いた言葉でもある。

授業は、ある目標のために行われるが、教師と子ども、子どもと子どもとが織りなす多くの現象が、多次元性、同時性、非予測性という特性をもって行き交う、きわめて動的で複雑な営みである。授業は、教師から子どもへの「一方的な情報の伝達」が機械的に行われるものではなく、仲間との相互作用的な働きかけや、周りの社会・文化的なシステムといった外的諸変数の影響を受けながら子ども自身の『内的論理が変容』していくものでなければならない。

この「授業論」は、現在では市民権を得ていると解していいだろう。冒頭の先人の言葉を要約すると、子どもの『内的論理の変容』ができない授業は、授業とは呼べず、それを実現させることができないのは教師の力量の問題だと言うことができよう。これはかなり辛辣なメッセージではあるが、的を射ている。

この二年間の「授業のエキスパート養成事業」において、愛媛の各教科の俊英たちは「生徒の心の琴線に共鳴」させ、子どもの『内的論理の変容』をさせるようなわくわくする授業を創造することができたであろうか。本誌に掲載される各実践を読むのが楽しみである。

昨年の本誌の巻頭言でも述べたが、教師は、授業の専門家でなければならない。その専門家は、「技術的熟達者」と「反省的実践家」に分けられるが、この二年間、エキスパート教員養成に関わった人たちは、「反省的実践家」としてどのように成長されたであろうか。「教える」営みを、どのように考えるようになられたであろうか。自らを真摯にリフレクトしていただきたい。

「教える」営みに対して、教師がどのように認識しているかによって、教育観・授業観・カリキュラム観だけでなく、実際の授業の中での教師や子どもが果たすべき役割という教師観・生徒観も大きく異なる、という研究結果がある（Olafson & Schraw,2006）。教師を何年もしていると、授業に対する「信念」のようなものが形成されてくる。それは、他者から一方的に付与されるというよりも、自分の実体験を通して、知らず知らずのうちに、その人なりの実感を伴った意味付け・価値付けによって生成されていく。それだけに、一たび授業に対するある「信念」が形成されると、その後のものの見方や考え方や教え方は、それに強く制約されていくのである。しかも自分なりに価値付けているだけに、強固過ぎるほどの認知的枠組みとして機能し、容易には変容しなくなる。『授業のマンネリ化』現象である。これは看過できない愚かなる教師の職業病かもしれない。

「教えるとは、普遍的かつ客観的な知識を効率よく、生徒に伝える事である」という信念を持っている教師は、「効率よく重要な知識を子どもに伝える知識伝達型授業がよい授業である」との授業像を持ち、結果的に、知識貯蔵型の授業を推進していくであろう。「知識は文脈や状況に埋め込まれているだけに条件や状況が変われば変化するものであり、他者とのやり取りという社会的な営みを通して、文脈に適切な知識や考え方が発見・創出されていく」という信念を持っている教師は、「教える営みは、教師と生徒との協働構成による知の生成過程であり、考え方・学び方を教える営みである」との授業像を持ち、問題状況に適切な解決方法を発見・創出する複眼的なものの見方や考え方を学び・追求していく問題発見・解決型の授業を推進するであろう。本「授業のエキスパート養成事業」に携わった先生方は、自らの「信念」との対峙を余儀なくされたであろう。さまざまな立場の先生方が寄り添い、「よりよき授業の創造」を目指し、計画・実践・評価される過程で、自らの「信念」が『内的論理の変容』として形成されていったものと推測する。その過程の中にこそ、「面白く教える」「うまく教える」ためのノウハウが詰まっていたのではないだろうか。我が国の教育史をみても稀有で先進的なこの事業を真摯に検証し、愛媛から全国にその成果を発信していただきたいと切に願っている。

（愛媛県教育委員会『平成二十二年度　授業のエキスパート養成事業報告書』掲載）

【参考文献】　稲垣忠・鈴木克明編著『授業設計マニュアル』北大路書房

第四話　「子どものためにこの学校があり、子どものために私がある」

平成十五年から二年間にわたって行われた学習指導カウンセラー派遣調査研究事業において、私は、松山市の石井小学校、姫山小学校、西中学校の研究校を合計十八回訪問させていただく機会を得た。それぞれの学校において、私は子ども一人ひとりに寄り添い、関わることによって、真の「学力」を育てようと真摯に取り組んでおられる先生方の姿に接し、改めて愛媛の先生方の熱い教師魂を感じることができた。私が拝見した数々のシーンは「感動」の連続そのものであった。いや、「感動」という言葉で表現したら、あまりにも軽々しく響いて、「真実」を語ることができていないかもしれない。それほど研究校の先生方の実践は、私にとって「心が弾み、心が動き、心に入り、心に刻み、心を楽しむ」全国に誇れる優れたものであった。授業づくりの根底に流れている先生方の豊かな感性と、ここに至るまでの並々ならぬご努力に対して、改めてここで敬意を表しておきたい。

具体的な成果と課題については、研究校の報告書に譲ることにし、ここでは本事業を通して学んだことを、最近の学力問題と関連させながら短見を述べさせていただくことにする。

「学力」の何が、どう問題なのか!

そもそも教育とは、学習を援助する営みである。教育とは、「ひと」が自らの能力を高めようとする意欲と行為に対して、これを励まし、援助し、促進する営みであったはずである。ところが、最近の「学力問題」は、各種の国際学力比較調査や文部科学省が行った状況調査の数値的なデータを基にして語られることが多く、「できる子」と「できない子」との「学力」の質的差異とその原因を十分分析しないまま、量的な違いだけで議論している点が気がかりである。本来、「できる」というのは、その意味やからくりが分かっていることではないのか。分数の割り算の計算で、なぜひっくり返して掛けるかという、そこのところが分かっていないと、たとえ計算の仕方のみ暗記させられ一時的に「できる」状態になろうとも、それは、やがて忘れ去られる「学力」となり、「できない」状態になるのではないだろうか。確かに、これまでの日本の教育において、練習とか習熟とかの教育の機能的側面に視点を置き、競争原理を働かせて「学力」を向上させた時期もあったが、もはやそれが通用する時代ではない。「教え、育てる」教育の本質的意味を問い直し、授業そのものを変え、日本の教育を再生しなければならない時期、段階に入っているのだという認識が必要である。

あの島崎藤村が「人の世に三智がある。学んで得る智。人と交わって得る智。自らの体験によって得る智」と述べているが、公教育としての現代の学校の役割を考えたとき、藤村の言う「三智」をバランスよく育てる営みこそが、今、求められているのである。研究校における問題解決的な学習、集団思考の場の研究、「学校知」と「日常知」とを関連させた授業づくりなどの数々の実践は、まさに「学力問題」を質的に捉えなおした授業改善への見事なる挑戦であったと思う。

「授業」の何を、どう変えるのか？

授業改善の視点として、私は、フランスの教育哲学者オリヴィエ・ルブール（Olivier Reboul）のいう「第三の様式」の「学ぶ」に着目したいと考えている。彼は、さまざまな知識・情報の獲得行為としての「学ぶ」という意味での「第一の様式」や、学ぶ方法・技能の獲得行為としての「学ぶ」を意味する「第二の様式」ではなく、「学ぶ」ことの意味や意義自体を理解するという意味での「学ぶ」の実現を主張している。この「第三の様式」の「学び」を育むためには、日々の授業において、学び続ける意欲や能力を育てる必要がある。P・F・ドラッカー（Peter F. Drucker）の指摘する「教科内容そのものよりも、学習継続能力や意欲」を重視したいという主張は聞くに値する。「学力問題」で問うべき点は、この「学習継続の能力や意欲」の問題であり、これを育むためには、子ども一人ひとりの学習活動において「自己管理」を奨励し、保障する授業を創造しなければならない。すなわち、自らの学習の目的や手段に対する他者のコントロールからの「独立性」、自らがイニシアティブをとり、学習目標から学習方略、実施、学習成果への学習過程全体における「自己主導性」、学習の意味や学習を通して実現する価値にかかわる理解や自覚の中心にある「自律性」といった「自己管理的学習」（self-directed-learning）の諸要素を最大限に尊重した授業を創造する必要がある。研究校においては、公式を創り出す授業や自力解決の工夫、少人数指導における個の自己実現、学習感想におけるメタ認知能力育成などの実践が見られたが、これらの授業づくりの根底に流れている原理は「独立性」「自己主導性」「自律性」であり、私は、全国に誇れる優れた実践であると高く評価したい。

先生が変われば、授業が変わる。授業が変われば、子どもが育つ。

教育というのは、常に子どもに任せる部分と教師が指導しなければならない部分とがある。研究校の先生方は、このバランス感覚に優れていたと思う。「授業は教材である」と言われるが、教材だけで授業ができるものではない。優れた授業においては、教材プラスαが必要である。間違いを気にしなくてもよいのだという自由な学びの雰囲気が必要である。研究校の先生方は、この優しさにあふれていた。かつて、板倉聖宣氏が「間違いもまた事実に基づいている」と主張されたが、間違いは物事の一面を誇張して捉えた現象で、物事の一面から考えるとそれもまた事実である。私は、子どもの間違いは優れた授業を創造する重要な「かけら」だと考えている。「かけら」をつないで、紐解いて、絡ませていけば全体が見えてくるものである。この授業の「機微」、クリティカル・モーメント（critical-moment）とでも言うべきセンスを持った多くの先生方に出会い、私は愛媛の先生方のすごさを実感した。何度となく行われた校内研修や指導案審議、さらには公開授業において、研究校の先生方はこの授業の「機微」を磨き合ったはずである。報告書に子どもの視点で、「…が育ちつつある」「…ができるようになった」という数々の成果が挙げられているが、私は教師の視点で「授業づくりのセンスが磨かれた」と報告したい。先生が変われば、授業が変わるはずであり、授業が変われば子どもが変わるのは当たり前の話である。「子どものためにこの学校があり、子どものために私がある」という東井義雄の教師魂をもった先生方との出会いは、私にとっては心地よいことであり大きな財産にもなった。

マルティヌス・ランゲフェルド（M. J. Langeveld）は「人はみな自分の人生を自分自身のうえに引き受けることを学ばなければならない」と述べている。「自己の生き方」を考えさせ、「自分の人生を自分のうえに引き受ける」ことの意味と意義を自覚させ、自己発達を促す方向性をもった教育を今後とも展開していきたいものである。この事業を通して、愛媛大学教育学部の新進気鋭の中西淳、二宮裕之、渡邉重義先生という俊英たちに出会い、彼らの学校を大切にする姿勢から、地域に貢献する確かで新たな一歩を記すことができたと確信している。私はこれら盟友たちと共に、学校の先生方を真にサポートできる体制を確立したいと考えている。

（愛媛県教育委員会『学習指導カウンセラー派遣調査研究事業報告書』掲載）

［引用・参考文献］
オリヴィエ・ルブール著、石堂常世他訳『学ぶとは何か―学校教育の哲学』勁草書房
池田秀男「自己管理的学習」日本生涯教育学会編『生涯学習事典』東京書籍
M・J・ランゲフェルド著、岡田渥美他訳『教育と人間の省察〈続〉』玉川大学出版部
寺﨑昌男編『本当の学力が育つ達人の授業』東京書籍
高階玲治編『「確かな学力」指導の基礎・基本』教育開発研究所所収、魚住忠久『「はどめ規定」修正で学習内容はどう変わるか』等

第五話　「これからの学校評価推進のために」

一　学校評価システムのコンセプト

これからの学校評価を推進するために、常に、心しておかなければならないことがある。それは、「『学校評価』は、何のためにするのか。どのように進めなくてはならないのか？」という「問い」に対する「答え」を、実践と省察を繰り返しながら、求め続けなければならないことである。

換言するならば、学校評価の目的（Why）、対象（What）、主体（Who）、時期（When）、相手（Whom）、場（Where）、方法（How）、公表（Show）等のそれぞれの項目について、本質を見失わない取り組みをしていかなくてはならないということである。

学校評価システム構築のコンセプトは、「教育の質的向上に寄与する」ことにある。この一点だけはぶれてはならない。教育問題が山積し、公教育の在り方が問われている現在、教育の質を検証し、保証する教育システムの構築は、喫緊の教育的課題なのである。

これまでにも自己点検や学校評価と称して、自らの学校運営や教育活動を見直す取り組みがなされてきた。しかし、それらは「学校の内」の閉ざされた取り組みでしかなかった。この学校評価の意味付けが大きく変化するのは、平成十八年三月に策定された「義務教育諸学校における学校評価ガイドライン」からである。これにより、学校評価は教育の成果の検証のための重要な手段として、「学校の外」も巻き込んだ取り組みとして位置付けられたのである。国は義務教育の質保証に関する責任を表明し、学校に「自己更新システム」の開発・確立を義務付けることを通して、国と地方、学校が相互に関連付けられた公教育経営システムを確立しようとしているのであり、学校評価は、この脈略の中で語られなければならない。

二　学校評価の困難性

この「自己更新システム」の構築に向けて、各学校で乗り越えなければならないハードルはあまりにも多く、簡単に越えられるものではない。手元にある新聞を紐解いてみても、学校評価について、次のような小見出しが並んでいる。

徳島新聞（平成十九年八月二十五日）『開かれた学校』目指す評価制度、数値目標化難しく、教員の多忙化助長」、産経新聞（平成十九年八月二十八日）「自己評価を公表義務、保護者チェックも促進」、日本海新聞（平成十九年九月二十四日）「公表方法を模索、市町村で意識格差も」、北海道新聞（平成十九年十月八日）「項目設定なお試行錯誤、第三者の検証、重要に、画一的な評価招く恐れも」という具合である。これらの小見出しが意味するものは、学校評価システムの構築の困難性である。学校評価の目的や方法の本質を見失うと、学校の教育活動そのもののエネルギーをも奪い取ってしまう危険性を孕んでいることを、私たちは肝に銘じておく必要があろう。

三　「かきくけこ」の精神

この実践レベルの難題に、真っ正面から取り組み、真摯に、しかも果敢に挑戦し、この報告書にまでまとめあげられた愛南町の校長先生や教職員の先生方、教育委員会の皆さんに、心から感謝と敬意を表したい。この二年間の試行錯誤の取り組みを目の当たりにしてきた私は、報告書の背後にある各学校の苦悩とその重みを感じずにはいられない。

ある校長先生は、地域の住民アンケートから学校の池の水の汚さを指摘された。しかも、前校長は池の中に入って水の管理をしていたとの批判的な地域の声である。これに対しこの校長先生は、早々に原因を究明し、校長通信に「池の水が汚いのは私も気になっていましたので、この御意見をお伺いする同時期に職員の協力によりきれいにしました。ポンプが壊れていたのを修理しましたので、環境条件はよくなりました」と真摯に応えられた。

地域住民の声を、学校改善に役立てたこのような事例は、他の学校においても数多く見られた。

この学校と保護者や地域住民とのキャッチボール、そこで交わされる情報を、学校運営に生かすことこそが、学校評価の原点であり、効果であろう。

私は、愛南町の校長先生方は、この二年間、「かきくけこ」の精神で学校運営に最善を尽くされてきたと思う。

『か』感じる心と感謝する心

『き』気付く心と気づかいする心

『く』苦労する心と工夫する心

『け』謙虚な心と研究する心

『こ』貢献する心と行動する心

である。

○子どもや保護者、地域住民の学校に対する思いや願いを感じ取り、そこで働けることに感謝する『か』。

○人と人との間にある言葉にならない思いや願いに気付き、そこに思いを馳せ気づかいする『き』。

○自分の学校の教育課題を克服するための苦労を厭わず、工夫して創造的学校経営する『く』。

○すべてのことに謙虚な態度で対応し、研究心を失わない『け』。

○教育課題に対し、スピーディーに組織的に行動し、地域社会に貢献する『こ』。

これらの『かきくけこ』の精神が、愛南町の校長先生方には充満していた。学校内の教職員の意識統一を図り、保護者や地域の方々を巻き込んだ愛南町各学校の学校評価システムは、全国にも誇れる先導的な取り組みであると自信をもって断言できる。

と、同時に、教育委員会事務局の方々の献身的な関わりがあったことも忘れてはならない。「こうすればよい」という明快な「答え」がない状況の中で、試行錯誤しながら各学校と連携協力して取り組んだ愛南町教育委員会の姿勢は、これからの学校評価を考える場合、モデル形式となるであろう。教育委員会には、今後、学校評価結果を分析し、人的物的な資源の教育的配分等によって、各学校の教育活動を支援することなどが求められることは間違いない。予算削減傾向の教育委員会の真価が問われる時代になることは間違いない。

四 「教職員の意識統一」こそ

私は、学校評価の成功の鍵は、「ハインリッヒの法則」を全教職員が共通理解して実践に生かす学校風土を創造することにあるのではないかと考える。ハインリッヒの法則とは、「1：29：300の法則」とも言われ、アメリカの労働災害発生率から類推した失敗の顕在化の確率のことを指す。重大事故「1」に対し「29」の重大ではない災害が潜んでおり、その背後には「ハッ」とした体験事象が「300」件もあるという法則である。この法則を学校という場で考えるならば、「1」つの保護者や地域住民からのクレームの背後には、多くの潜在的な学校への期待や要望があるということである。もちろん保護者からのクレームの中には、学校の教育活動を正当に評価していない無理難題の不本意なものもあるであろうが、そのような情報にも「かきくけこ」の精神で胸襟を開いて耳を傾けることで、学校に向けられている「29」や「300」の「意思」を知ろうとする努力が必要であろう。学校評価のアンケートに「無回答」や「分からない」という評価の割合が多い場合、学校が説明責任を果たせていない可能性や、情報の提供・発信の仕方等に課題を持っていると受け止める謙虚さがなければ、学校評価は真の意味を果たさないだろう。

学校評価は「ズレ」と「ギャップ」をリアルタイムに確認できる有効な営みである。「学校の内」ではよくやっているつもりでも、「学校の外」の人からはそうは見られないことが多々あるものである。「つもりの自分」と「傍目の自分」の間には「ズレ」や「ギャップ」があり、これを埋める努力と、日常的に当たり前に行われる教職員集団の育成こそが、これからの学校評価を進める上での大きな課題かもしれない。

五　「同床異夢」の世界からの脱皮

学校評価が「教育の質的向上に寄与する」ものであるために、二つの課題を提示しておきたい。

一つは、「3S」の視点で学校評価システムを構築することである。だれもが納得できる学校評価にしようと、評価項目や評価基準を詳細に設定し、それに基づくエビデンス（証拠）の収集は、膨大なエネルギーを消費する。そのエネルギー消費は、子どものためになっているかどうか常に反芻しながら進めていく必要がある。Simpleの「S」、Speedの「S」、Systematicの「S」を視野に入れた学校評価こそが、真に根付いていくものではないかと考える。

もう一つは、「同床異夢」の世界に陥らないということである。評価者と被評価者とが共に理解し、認識し合える言葉と尺度を使用して行わなければ、正確性は失われるだろう。

学校評価システムの構築が、愛媛の子どもたちの健やかな成長に役立つことを心から願っている。そのためにみんなで叡智を出し合いたいものだ。

（愛媛県教育委員会『義務教育の質の保証に資する学校評価システム構築事業報告書』掲載）

第六話　「物で栄えて、心で滅ぶ」

「物で栄えて、心で滅ぶ」という言葉があります。現代日本の現実から発せられた未来社会への悲痛な警告だと思います。深夜、大街道を徘徊したりたむろしたりしている若者の姿に接すると、日本の将来を案じてしまいます。自らの言動を振り返ることなく、よくないことはすべて社会のせい、大人のせい、親のせいと、責任を他に転嫁する性向を示す若者（Don't blame me syndrome）がいかに増えてきたことでしょう。自己（子）中心主義の蔓延です。人口の都市集中化が進み、自然との触れ合いが喪失し、勤労体験や直接体験が減少するにつれて、没個性化・非人間化の状況が露呈されているように思えます。

かつて、トフラーは世界を『宇宙船地球号』と称しました。まさに現代は地球的規模で動いており、今の子どもたちは、そういう世界で生き抜いていかなければならないのです。先行き不透明な時代であるからこそ、自らのライフプランをデザインし、それを実行に移すマネジメント能力を身に付けておく必要があるでしょう。自らの選択能力を高め、自らの結果責任をとれる力をどう育てるか。そのための「新しい学校」をいかに創造すればよいか、私たちの大きな課題です。

かつての社会は、「いかに生きるか」のヒントが子どもの眼に見えていました。「生活」と「生産」が融合した共同体意識が存在しており、「生産」と「消費」が見える社会でした。子どもたちの「学び」は大人の生きざまの「まねび」そのものでした。現代社会はどうでしょう。「生産」と「生活」が分離し、子どもたちの眼には「消費」の世界しか見えなくなってしまったのではないでしょうか。大人のすごさを「まねぶ」機会を子どもたちから奪ってしまったように思います。私は「新しい学校」の姿として、自然や大人と関わることによって、自然や大人のすごさを「まねぶ」教育を展開したいと考えています。「何を学ぶか」（What to learn）という視点から、「いかに学ぶか」（How to learn）、そして、「いかに生きるか」（What to live）という視点へシフトしていく学校です。子どもは私たち大人から「まねぶ」のです。運動会での不必要な席取り合戦、参観日や音楽会での場に合わない私語など、やめませんか。子どもが私たちを見つめているのです。みなさんが「こんな子に育ってほしい」と思われているような言動を、私たち大人が率先してとりませんか。

私は、名もなきもの、力なきもの、小さきものへ目を向ける感性、表通りではなく裏通りに目を向ける感性、ふだんは目立たない子への眼が向く感性を育てたいと思います。東日本大震災を体験して、私は、今こそ、三つの「きょうどう」意識を育てる必要性を強く感じています。「共同・協同・協働」の精神です。かつて「ミウチ」と「タニン」の中に存在した「セケン意識」（規範・道徳等）を醸成することこそ、私たち大人の責務ではないでしょうか。この「きょうどう」精神、換言すれば、「セケン意識」を核として附属中学校を日本一の学校にしたいと考えています。ご協力ください。

「子どものそばにすべてがある」。教育実践研究を進めてきた私たちの合言葉です。教育は、子どもから距離を置くほどその実相が見えなくなることがあります。常に、子どものそばにいて、子どもの言葉にならない「ことば」を聴き取る精度のよい「聴心（診）器」をもって教育実践研究をしていかなければならないと考えています。教育現場では、相関関係＝因果関係でないことが多くあります。教育実践の場は、教師と子ども、子どもと子どもとが織りなす多次元性

(multidimensionality)、同時性(simultaneity)、非予測性(unpredictability)という特性をもって行き交う、極めて動的で複雑な営みなのです。

この営みの背後にあるものをいかに解き明かすことができるのでしょうか。これまで理論と実践を「つなぐ」多くの研究がなされてきました。佐伯胖氏、秋田喜代美氏等の知見から、次のような「つなぎ」が見られます。「theory into practice」(「授業理論」を「教育実践」に適用する立場)、「theory through practice」(「教育実践」を類型化して「授業理論」をつくる立場)、「theory in practice」(優れた教師の「授業実践」において、内在し機能している「授業理論」を外在化する立場)、「action research」(教育現場での省察と関係の編み直しに参加し、そこでの場をデザインしていく立場)、そして「lesson study」(日本の教師が開発してきた授業研究の立場)です。

私たちは、この理論と実践の往還の在り方として、全国的にも稀有な研究体制を昨年度から提案させていただいております。それは、授業構想の段階から、本校教員と大学教員が共同研究者として対等な関係で議論し、研究授業には県教委の指導主事の先生や校長先生に指導助言いただくという体制です。教育内容学と教育方法学と教育実践学の融合を目指したこの研究体制は、全国に誇れるものだと自負いたしております。

研究主題である「未来を拓く力の育成」は、愛媛大学教育学部附属学校園の共通の研究主題です。特に、本校の研究テーマ「持続可能な社会を築くための、自立と共生の力を育む指導」は、時代の変化に対応した喫緊の課題であると同時に永遠のテーマでもあります。その意味では、研究の成果が実証的に説明できない性質のものかもしれません。しかし、私たちは子どものそばに寄り添い、より質の高い学校文化を創造することにより、このテーマの背後にあるものを見い出そうと努力してまいりました。ご覧いただきます研究成果報告やワークショップ等は拙いものかもしれませんが、子どもの未来保証をするための提案です。みなさま方の忌憚のないご意見を賜りましたら幸甚に存じます。

最後になりましたが、本校研究へのご理解、ご支援、そしてご指導を賜っております愛媛県教育委員会はじめ多くの関係の皆様方に心より御礼申し上げます。今後ともご指導・ご鞭撻のほど、お願い申し上げます。

（愛媛大学教育学部附属中学校研究紀要『持続可能な社会を築くための自立と共生の力を育む指導』掲載）

第七話　実践授業「考えるということ」

日時　二〇一九年二月十四日
場所　松山市教育研修センター大講義室
対象　松山市立東中学校二年C組

二〇一八年二月十四日、松山市教育研修センター情報交換会で金本房夫先生がマイクを握った。何かある。それまでフェスタの成功を祝って、各所で華やかな会話とアルコールの酔いが広がっていた。金本先生が壇上に立たれ、あたりは一瞬静まり返った。

「一言言わせてください。来年は、平松義樹先生にこのフェスタで授業をしていただこうと思いますが、みなさんいかがでしょうか？」

何を唐突に。しかも当人の了解も得ず！　私は、戸惑った。しかし、会場にいた出席者は、スタンディング・オベーションではないが、割れんばかりの拍手と期待のまなざしを私に送る。ここには、有無を言わさない見えない同調圧力が働いている。私はそれまでのほろ酔い気分が一瞬で覚めてしまった。

「これは、いじめである。」明らかな集団による「いじめ」である。金本先生の一言によって、私は自分の意思を選択する自由もなく、フェスタの焦点授業者として祭り上げられたのである。

「退職の年ですよ。のんびりと一年過ごさせてくださいよ。」

そう抗弁したが、それは水泡に帰した。参加者たちが群がって「平松先生、楽しみです。」「先生、どんな授業をされるんですか？」参加者は私の困りようを楽しんでいる。傍観者たちの興味本位の言葉のシャワーが、私の全身を容赦なく包み込んだ。もう「逃げられない」。四十年間、尊崇の念を抱き、師として崇め奉っていた金本房夫先生からのカウンターパンチ。ノックアウト寸前の私の身体中を次の問いが走り回った。

「なぜ、私が退職の時に授業を…。」

その問いの向こうには、金本房夫先生の私に対する深い愛情と期待があった。金本先生ならではの「退職のはなむけ」だったのである。

私は、二十六歳の時から「教育実践」を「学」として高めたいという野心を抱いて教師をやってきた。その間、最高の「であい」は、金本房夫先生との「であい」であった。こんなに心から慕い学ぶことのできる人との「であい」はなかった。金本先生は、私が「教育実践学」の構築に向けて研究している、その意味をよく理解し、後押ししてくださった人物である。

——退職の年に、「教育実践学」の構築した姿を、先生方に見せてほしい。

金本先生の私に対する深い愛情と、花道を飾る場を提供してくださったアナウンスに深い愛情を感じ、心が躍った。

その日から、一年後のフェスタ授業について、悩み、苦しみ、本を読み、教材発掘のため全国を飛び回る日々が続いた。まるで新採教員が初めて焦点授業をするときのような気分であった。六十五歳の焦点授業である。金本先生に応えるためには、これまで学んできた全てを出し切り、参会者の心に響くような授業にしなければ…という強い強迫観念を持ちながら…。

その結果、考えた授業が「考えるということ」である。次ページの指導案を見てもわかるように、前半は「考えるということ」の概念定義を『桃太郎』の話を通して理解させ、後半は「いじめの問題を考える」という構成にしたのである。

学校において「考える」ことはとても大切なことでありながら、私たち教師は、本当に子どもたちに考える楽しさを体験させているのだろうか。「みなさん考えてください。」と言われて、何をどう考えていいか戸惑っている子どもたちにも出会ってきたし、教師が「答え」を知っていながら子どもたちはその「答え」を探すための学習をしているに過ぎない場面にも出会ってきた。違う。「『考える』とは、そんなものじゃない！」と思いつつも四十三年間悩み続けてきた。子どもたちは出された課題や指示に従うこと、教えられたことを教えられたとおりに行うことが「考える」であると訓練されてきた。それは「考えないこと」を学校で教えられてきたと言ってもいいのではない

（1） **授業のねらい**

① 「思う」と「考える」の違いを、自分の言葉で伝え合い、定義化することができる。

② 昔話「桃太郎」の話を事例にして、「考える」という精神活動を具体的に体験し、学び合うことができる。

③ ② での精神活動を生かしながら「いじめ問題」について考え、「いじめ行為」は、自分の「思考・行為選択」であることに気づく。

（2）**展開　準備物「鬼」のパネル、ワークシート**

学習活動	○指導上の留意点　◎【評価の観点】(評価方法)
1　チンパンジーの写真を見て、「思う」と「考える」の違いについて話し合う。	○　「対話的な学び」を通して、「考える」定義をつくらせる。
学習課題 No. 1 :「思う」と「考える」の違いは、何だろう？	
「考える」の二つの定義を知る。 ・いくつかを「対比」して論理的・科学的に結論を出すこと ・さまざまな情報を「つなぎ合わせ」、関連付けること	○　言葉による定義を正確に理解させることを目的とはしない。「思う」と「考える」の違いについて気づかせる程度にする。 ○　「考える」は「かむかえる」として『日本書紀』が作成された奈良時代からものごとを「対比」させる意味で使用されていたことを確認する。
2　昔話「桃太郎」を事例として取り上げ、「わかる」と「考える」について話し合う	○　「桃太郎」の話のあらましは、プレゼンで確認する。
学習課題 No. 2:「鬼は、なぜ、角があり虎のパンツをはいているのだろう?	
(1)「鬼」のパネルを見て、「なぜ疑問」を出し合う。 (2)学習課題 No. 2 について話し合う。	○　「なぜ疑問」の組み合わせにより、新しい「考え」が創出できることに気づかせ、考えることの楽しさを味わわせる。
学習課題 No. 3:「桃太郎を育てたおじいさんとおばあさんの生活のレベルは?	
(3)学習課題 No. 3 について話し合い、考えを「広める」と「深める」について具体を通して学び合う。	◎　「演繹的科学的説明」の理解の程度【「広める」と「深める」】(ワークシート)
3　「いじめ問題」について考える。 (1)いじめの事例を表にまとめることにより、いじめの本質について話し合う。 (2)「傍観者」から「仲介者」「通報者」「シェルター」や「スイッチャー」の役割に変わることの重要性を知る。 (3)友だちの行動の原因を考える三原則について知る。	○　「いじめ防止対策推進法」のポイントを確認させ、「果たしてそうなの」という本音を出させる。 ○　いじめの性格原因説、集団特殊性説、環境要因説については紹介する程度にする。 ◎　いじめが起きにくいクラスをつくるために、「これまでの自分」と「これからの自分」を対比してワークシートにまとめさせる。
4　本時の振り返り(まとめ)をする。	

か。そんなことではない「考える」楽しい体験をさせたい。そういう思いから、フェスタ授業「考えるということ」を創り上げた。

特別授業のねらい

「富士山を動かすにはどうしますか？」「日本では一年間に鍋が何個売れますか？」前者は、あのビル・ゲイツのマイクロソフト社の、後者は大手派遣会社ハミルトンの入社試験の問題です。時代は、このような問題を解く頭を求めています。これを「地頭力」といいます。ニューヨーク市立大学大学院センター教授のキャシー・デビッドソンは「子どもたちの六十五％は、今は存在していない職業に就く」という予測をし、オックスフォード大学のマイケル・A・オズボーン准教授は「今後十から二十年で、約四十七％の仕事が自動化される可能性が高い」と予測しています。ＮＨＫの特集番組「Automation and Future of Job」では「変なホテル」を紹介していましたが、驚くことにホテルで働く人たちがロボットなのです。「人間」がホテルからいなくなるのです。

私たちは、確かに変化が激しく予測困難な時代に向かっています。このような時代には、さまざまな課題や困難に立ち向かい、それを乗り越える力が求められます。「新たな課題に対し、知識を応用し、自ら考え解決に向け行動するための思考力・判断力・表現力を持つ人材」です。付加価値を創出する人材といってもいいでしょう。つまり「0から1を生む地頭力」なのです。

「地頭力」に必要なのは、①知的好奇心、②論理的思考力、③直観力、④仮説思考力、⑤フレームワーク思考力、⑥抽象化思考力です。④の仮説思考力とは結論から考える力、⑤は全体から考える力、⑥は単純に考える力です。

これらの力を授業モデルとして図のように考えてみました。付加価値を創造する「深い学び」は、a「問い」に気付く→b「問い」をたてる→c「問い」を解く→d「問い」をずらす→e「問い」を生かす、という学びによって育てることができるのではないかと考えたのです。a「おやっ」→b「なぜ」→c「なるほど」→d「果たしてそうなのか」→e「ようしこのことを生かそう」という思考活動をすることによって、ロボットではない人間にしかできない頭を育てることができると考えます。特に、aとdを意図的に授業に組み込む必要があると考えています。与えられた問題を解く力だけでなく、「問いに気付く力」を育てるとともに、答えを導き出した後に「自分の出した答えを別の視点から考えると果たしてそうなのか」と自問自答する「考える」活動こそ、「深い学び」につながると考えます。

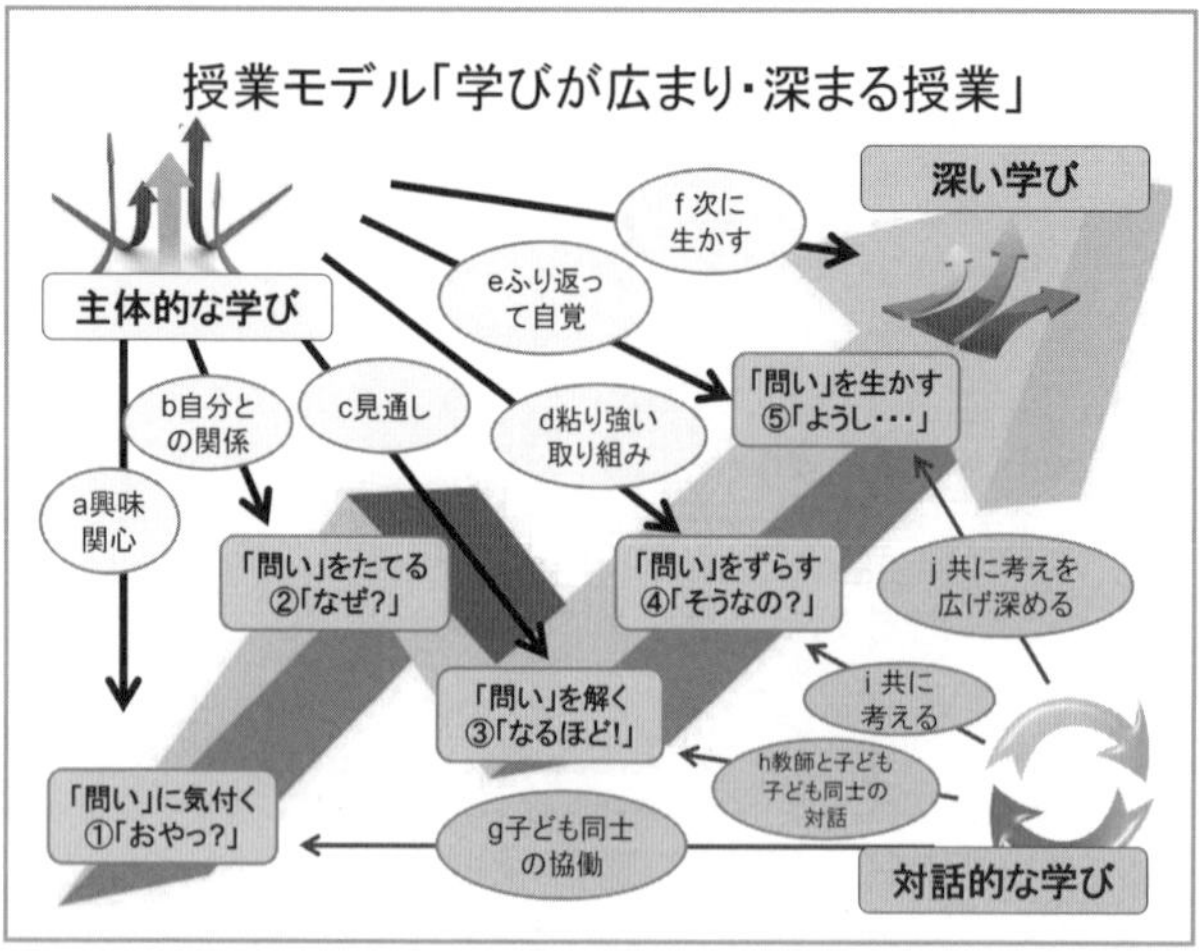

　本授業では、昔話『桃太郎』を事例に取り上げ、「考えるということ」は、どのような思考活動なのか確認した上で、「いじめ問題」を「考える」活動をします。いくつかの「なぜ」を組み合わせて結論を出す「考える」活動をすることによって「考える」ことの楽しさも学んでもらいたいと考えて

います。そして、「いじめは思考と行為の選択である」ことに気付かせたいと思っています。

学習課題No．2の段階

授業モデルの「問いに気付く」段階です。鬼の絵を見て「おやっ」と疑問を持つことが「考えること」へつながります。図のようにいろいろな「おやっ」が出されました。

次に、さまざまな「おやっ」を組み合わせて「なぜ？」という問題を設定します。さまざまな組み合わせの「なぜ？」ができました。その思考こそが、まさに「地頭力」育成の第一段階になるのです。

「鬼は、なぜつのがあり虎の皮のパンツをはいているのだろう？」という問いを話し合わせ、「鬼」＝「つの」＝「虎の皮のパンツ」を関連付けて説明させる思考は、楽しく生き生きとしたものになりました。

学習課題No．3の段階

この段階では、「考えるということ」をカール・ヘンペルの演繹的法則的説明の図を使用して理解させました。具体的には、「桃太郎を育てたおじいさんとおばあさんの生活のレベルは？」という「問い」について話し合いをさせました。

「羽織袴・刀があるから＝豊か」と考えた生徒、「赤ちゃんが立派に育つ食料があったから＝普通」と考えた生徒、「川で洗濯するから＝貧しい」「流れている桃を食べようとするから＝貧しい」「キビ団子だから＝貧しい」と考えた生徒など、活発な意見交換ができました。

考えてみよう「鬼を見て、なぜ？　おやっ？」発表しましょう
なぜ鬼はつのがあるのだろう？
なぜ鬼はひげがあるのだろう？
なぜ鬼は金棒を持っているのだろう？
なぜ鬼は怖い目をしているのだろう？
なぜ鬼は虎の皮のパンツをはいているのだろう？
なぜ？　なぜ？　なぜ？
鬼は、なぜつのがあり虎の皮のパンツをはいているのだろう？

次に、ヘンペルの図を使用し、「説明される事象」と「説明に使われる特定の事象」の間には、その人なりの「一般命題・理論・概念」などがあることを理解させました。Ａ君が「桃太郎は、小さい時から可愛がられて育ったはず。その可愛い桃太郎が鬼ヶ島という危険な場所に行くのに、お米のおにぎりではなく、まずいキビ団子しか持たせてやれないから貧しいと思います。」と発言。

すると、その発言を受けて、Ｂ君が「この物語は、岡山の吉備地方の話で、この物語ができた当時は換金作物のキビしか作らせてなかったかもしれないから、キビ団子だから貧しいと結論付けるのはおかしいと思います。」と反論するなど活発な話し合いができました。

そして、「考えを広める」とは、「説明に使われる特定の事象」をたくさん集めること、「考えを深める」とは、「素朴理論・既習事項・体験知」を見直し、新たな「一般命題・理論・概念」を作ることであることを、理解させました。自分の意見や結論に対して「果たしてそうなのかな?」と問い返すことが「深い学び」につながることを確認させました。

いじめの問題について考える段階

現代的いじめの特徴として、森田洋司氏は次の五点を挙げています。

①日常生活の延長線上で起きること
②逸脱性の境界が曖昧であること
③加害意識と罪障感が希薄であること
④現代社会を背景として発生すること
⑤いじめが特定の人間だけに起きるものではないこと

（森田洋司著『いじめとは何か～教室の問題、社会の問題～』中公新書）

これらの特徴をもついじめの問題について考えさせるためには、「わがこと=自分ごと」として「考えさせる手立て」が必要になってきます。

そこで四月から学級内で起こった出来事の中から、「おやっ」「これは」と思われるものをカードに書かせました。例えば、「うっかりぶつかってきた子に『死ねよ』と言ってにらんだ」とか「お金を持って来ないことを理由に殴った」など、学級での出来事をカードに書かせ、このカードに「いじめの程度」をAからEの段階で記入させました。

注目されるのは、ア「体育着を隠して被害の子が探している様子を笑って見ていた」とイ「体育着を隠して被害の子が探している様子を知らん顔して見ていた」の結果です。アは九十％の生徒がいじめであると判断しているのに対し、イは七十五％の生徒しかいじめだと認識していないのです。つまり「笑った行為＝いじめ」、「見ていた行為＝いじめではない」と、傍観者の立場は「いじめではない」と判断しているのです。

この「傍観者的立場＝いじめではない」という認識を当事者として考えさせる必要があります。さらに、アンケートの結果、二十％の生徒が「持ち物隠しは『悪い』ことだが『面白い』」、四十％の生徒が「友だちをからかうことは『悪い』ことだが『面白い』」と回答していることです。善悪の判断は「理性知」の判断とすれば、『面白い』というのは「情動」のレベルの問題です。つまり、「悪いことだが面白い」という状態は、規範が内在化されず、情動を抑制できない状態をいいます。この意識を改めさせなくてはいじめの問題を学んだことにはならないと考えました。

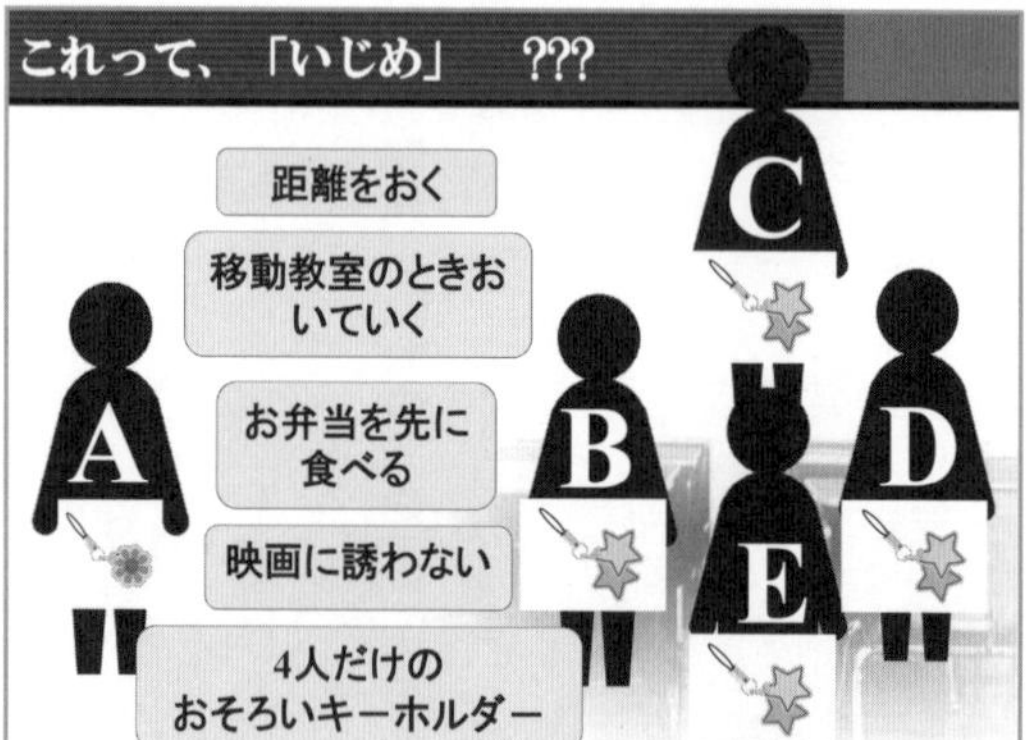
いじめを考えるキャンペーンより(大妻中野中学校)

そこで、NHK「いじめをノックアウト」の番組で紹介された大妻中野中学校の実践を参考に次のような問題を考えさせました。

（注・本事例の引用については、大妻中野中学校野崎裕二校長先生及び「特定非営利活動法人『ストップいじめ！ナビ』の理事である真下麻里子弁護士より許諾をいただいております。ありがとうございました。）

①ＡＢＣＤＥの仲良し女子五人組がいました。
②Ｂが大切にしているＤＶＤをＡが借りて壊してしまいました。
③ＡはＢに返すときに、何も言いませんでした。
④Ｂは、ＣＤＥに「Ａさんてひどい」ということを話しました。
⑤その日から、Ａさんを無視するような行動を取り始めました。
⑥五人の仲間の象徴であるバッジもいつの間にか取り替えていました。
⑦ここで「これっていじめ？」という話し合いをさせます。
⑧そして「いじめ防止対策推進法」のいじめの定義を知らせます。

いじめについての学習は、①から⑧までが一般的です。しかし、法律の定義を知って授業を終える活動では、生徒の本音を引き出したり、生徒の情動のレベルを変えたりすることは難しいと思います。

本時においては、前半で学習した「問いをずらす」活動を取り入れることにしました。具体的には、スライドのような表を作成し、それぞれの段階で「やったこと」と「できたこと」の欄を埋めさせ、その上で、

「行為の選択」

	A		B		CDE	
	やったこと	できたこと	やったこと	できたこと	やったこと	できたこと
① Aは傷ついたDVDをBに返す	傷つけたこと言わない	謝る				
② BはAに何も言わない			Aに何も言わない	直接言う		
③ BはCDEに言う			CDEに言う	言わなくていい	Bに便乗する	便乗しない
④ BCDEはAに距離をおく			Aと距離をおく	距離をおかない	Aと距離をおく	距離をおかない
⑤ BCDEはAをおいていく			Aをおいていく	おいていかない	Aをおいていく	おいていかない
⑥ BCDEは先に弁当を食べる			先に弁当を食べる	先に食べない	先に弁当を食べる	先に食べな
⑦ BCDEはキーホルダーを変える			キーホルダーを変える	変えない	キーホルダーを変える	変えない

いじめを考えるキャンペーンより(大妻中野中学校)

表を見て気付くことについて話し合わせました。

ここでのポイントは二つあります。

一つは、AからEのみんなが、①から⑦のそれぞれの段階において、「悪い方」の行為を選択していることに気付かせることです。

もう一つは、Aは②から⑦までの欄は空欄になっていることに気付かせることです。「いじめ」は、相手がどうしようもなくなっている状態にあるということを気付かせることが大切です。日常生活は「行為の選択」の連続です。その選択に責任をもつことの意味を自覚させたいものです。

さらに次ページのスライドのXを「自分の立場」として考えさせることにしました。「観衆」や「傍観者」の立場に立ちやすい「自分」を自覚させるためです。

まとめとして、「私にできること」を書かせ授業を終了します。

（注・これは岡山県総合教育センターの指導主事青木裕一郎先生のアイディアです。）

（注・出雲市立河南中学校長大國哲也先生からの要請で同中三年生にも同様の授業をさせていただきました。）

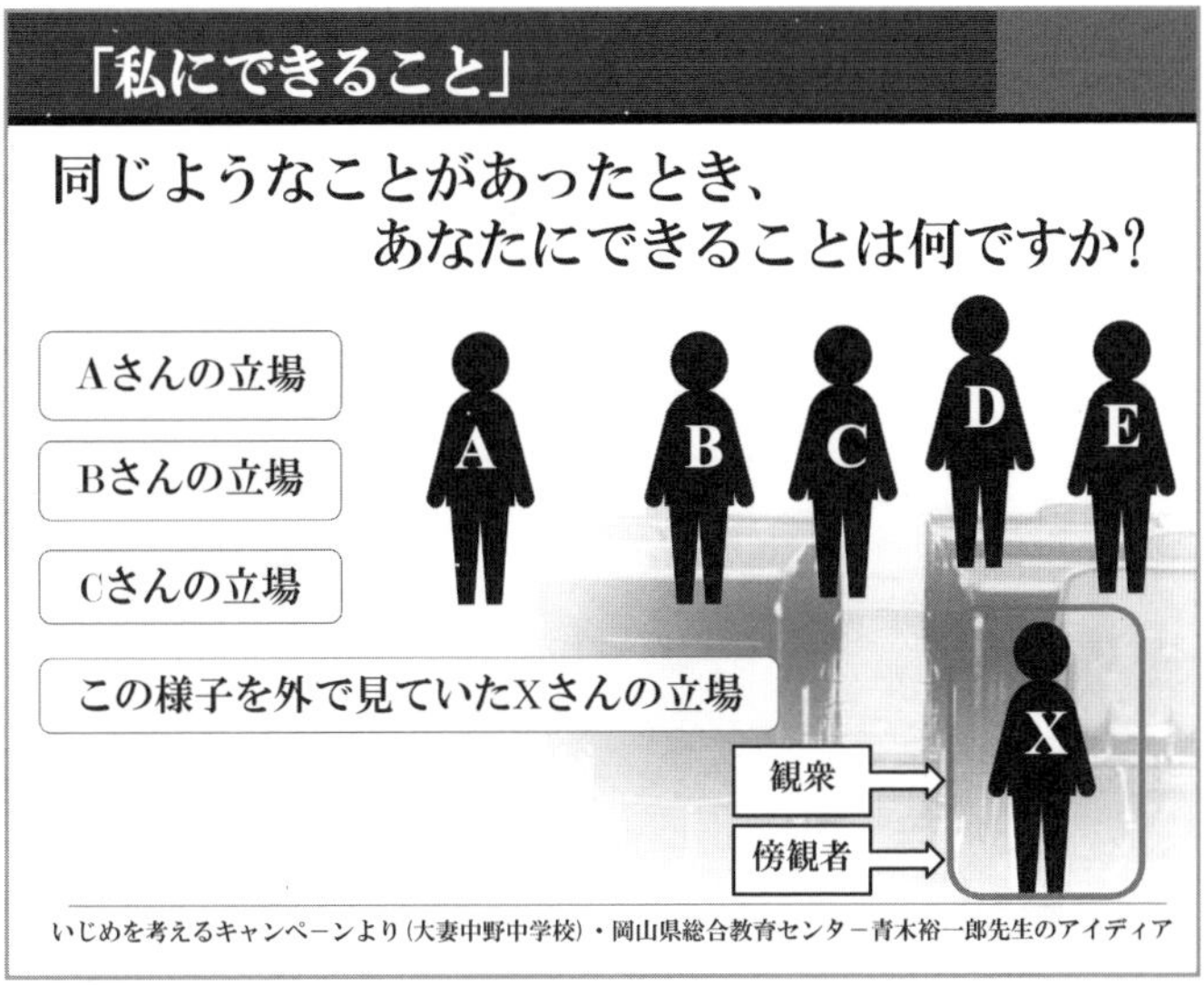
「私にできること」
同じようなことがあったとき、
あなたにできることは何ですか?
Aさんの立場
Bさんの立場
Cさんの立場
この様子を外で見ていたXさんの立場
A
B
C
D
E
X
観察
傍観者
いじめを考えるキャンペーンより(大妻中野中学校)・岡山県総合教育センター青木裕一郎先生のアイディア

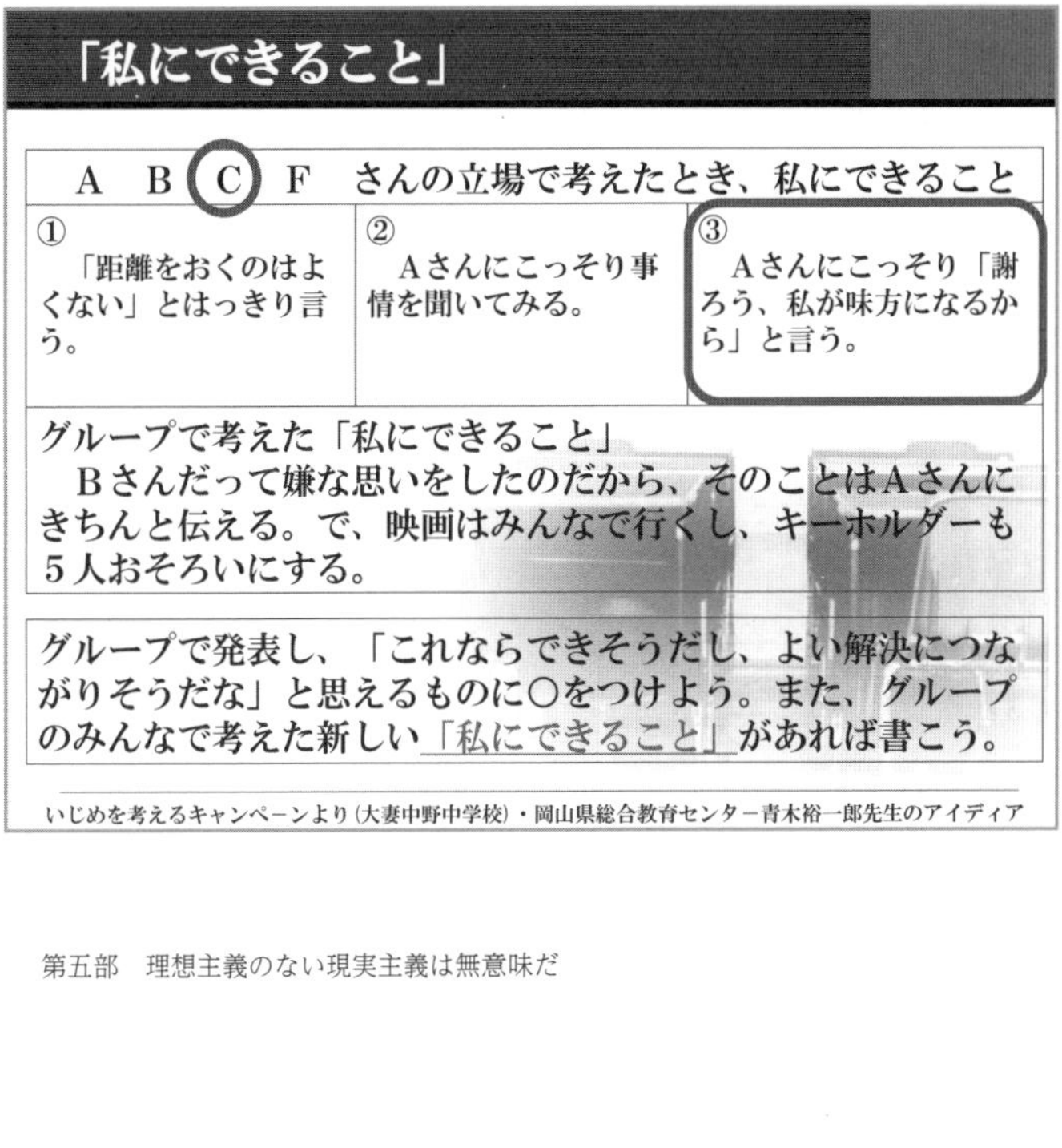
「私にできること」
A B C F さんの立場で考えたとき、私にできること
①
「距離をおくのはよくない」とはっきり言う。
②
Aさんにこっそり事情を聞いてみる。
③
Aさんにこっそり「謝ろう、私が味方になるから」と言う。

グループで考えた「私にできること」

Bさんだって嫌な思いをしたのだから、そのことはAさんにきちんと伝える。で、映画はみんなで行くし、キーホルダーも5人おそろいにする。

グループで発表し、「これならできそうだし、よい解決につながりそうだな」と思えるものに○をつけよう。また、グループのみんなで考えた新しい「私にできること」があれば書こう。

いじめを考えるキャンペーンより(大妻中野中学校)・岡山県総合教育センター青木裕一郎先生のアイディア

参観者の主な授業感想のコメント

○平松教授にあらゆる面で憧れを抱きました。考え抜かれた授業でした。見事に仕組まれた授業でした。そして、卓越した「言葉の力」に敬服いたしました。ありがとうございました。ぜひ、また授けていただきたい思いでいっぱいです。「授業はかくあるべし」です。

○「考えさせる」こと、「考える」こと、「教える」こと、そして、教師として準備すること、全て学びとなりました。子どもの思考内容と教師の学ばせたいことが素晴らしくつながる様子に感動しました。一年間、この授業を心待ちにしていた甲斐がありました。

○私自身が生徒と共に「考える」ことを学んだ授業でした。ともに生徒の頭脳や発想、発言の豊かさにも学ぶ授業でした。それを引き出す「問い」が、そこにあったことも分かりました。別視点から授業をプレゼンテーションでつくること、タブレットを使ったグループワークとその集約も勉強になりました。黒板に書いている毎日の授業では、このように効率的に考え、理解し、対話する授業づくりは難しいかも、とも「考え」ました。教材研究。授業はやはり「教師の命」と再確認しました。

○「桃太郎」という昔話が、このように「考える授業」になること、それは、教師の問いかけ、授業の組み立てによって変わること、教師によって授業が変わることが痛感できました。中学二年生も先生に引き込まれるように真剣に考えていました。いじめの授業は、とかく表面的で、答えのわかっている授業ですが、本時の学習（考える）を通して、これまで以上に考えることができていました。こうした授業を学校でやっていきたいものです。まねさせていただきます。

○教材研究の深さ、ネタの豊富さ、大いに学びになりました。平松先生、すごすぎます。「百点の百点乗点」でした。あれ以上のものはありません。平松先生の全てがここに凝縮されていました。
○普段、自分は考えているようで、実は考えているのではなく、思っていただけだと痛感した。モウレツに反省した。いつもながら膨大な資料数と授業展開の見事な手法に感動！（一体、どのようにデータを管理しているのか?）。「深い学び」というものが、体感覚としてわからなかったが、そういうことかと腑に落ちた。これからの社会を生き抜く子どもたちに論理的思考力を身に付けさせていく必要性が体感覚としてわかった。平松先生、参りました。
○「思う」と「考える」の対比。素朴な疑問から考える楽しさ。「ちょっと待った」で考えを深める。いじめを題材に多面的に考える。一時間の中でいろいろな「考える」があり、大変勉強になりました。考えたくなる動機付けがあれば、子どもは自由にどんどん考えます。今日は、私自身、頭をフル回転して考えながら授業を参観させていただきました。「主体的・対話的で深い学び」はどうなのか、大きなヒントをいただきました。
○これから求められる学力…地頭力・即戦力をいかに育むかという難しいハードルを乗り越える授業でした。目の前にいる生徒が、何を考えているのか、どのような反応をするのかが見えないはずなのに、これが平松先生のおっしゃる教材研究の深さ。ご自身、謙虚にお話しされていますが、参観させていただいている私自身がずっと考え放し。心地よい地頭力を鍛える時間となりました。平松先生が金本先生をお慕いしているように、たくさんの後輩が平松先生のご講義を期待しています。今後とも、よろしくお願い申し上げます。
○本日は「考える」ということを考えさせていただき、多くのことをお教えいただきありがとうございました。子どもの事実をもとに「いじめとは何か」を考えさせておられました。最後は「いじめ防止対策推進法」を出された後、「ちょっと思うことはないですか?」と問われました。ここで、子どもたちは「自分ごと」として深く考えられたのではないかと思います。本当の意味でのいじめがなくなるように、子どもたち自身に考えさせる先生のお考えの深さに、私も学び研修もしていきたいと思います。桃太郎の先生の実践、パクらせていただき、本町の研修に生かしていきたいと思います。ありがとうございました。

拙い授業であったにもかかわらず、私の方が参観者のみなさんから勇気付けられる言葉をいただきありがたく思いました。

第八話 「いじめの未然防止のための『教員文化』の創造と課題」

本論文は、愛媛大学教育学部教授として四十八歳の時にまとめたものである。兵庫県教育委員会から『兵庫の教育』という冊子に載せたいとのことで依頼を受け、教員文化の創造について書いた論文であり、つくばの教職員支援機構等でのいじめの問題に関する研修会資料として活用させていただいている。

一 学校の最大の役割は「子どもの未来保証」にある

「学校は何のためにあるのか、子どものためにある。子どもの幸せのために存在する。子どもの幸せのためとは何か。それは、子どもの今生活している幸せのためばかりではない。子どもが将来生きていくための幸せを保証する。つまり、子どもの未来保証こそ、学校存在の大原則なのである」(金本房夫)。

久冨善之氏が指摘しているように、学校には四つの文化がある。①学校の制度文化、②教員文化（以下、教員を教師に統一して論述する）、③子ども文化、④校風文化である。これらの文化が複雑に絡みながら有機的に機能しているとき、問題行動が発生しにくい学校を構築することができる。「いじめ」等の問題行動が起きやすい学校は、これら四つの文化が、子どもを育てる組織として機能していないことを意味している。

しかし、最近は、ケータイやコミック等の情報文化や消費文化等の影響を受け、学校の「磁場」に入りきれない子どもや教師が出現している。文部科学省の「魅力ある学校づくり」研究指定校の研究成果では、二割前後の子どもたちが「他者との交流活動を楽しくない」、三割の子どもたちが「勉強が分からない」という数値を示している。これだけの子どもたちが、現代の「学校」の「磁場」に入りきれていないのである。看過できない。

学校の日々の教育活動が、子どもが育つ「磁場」として機能するためには、何を差し置いても質の良い「教師文化」の創造が急務である。質の良い「教師文化」とは、「子どもの心に迫る」ことのできる教師集団である。「子どもの心に迫る」とは、子どもに近づき、子どもを理解すると同時に、子どもを高いレベルに引き上げることのできる教師のことを意味する。「叱るだけではない厳しさと、甘やかせるだけではない優しさ」を兼ね備えた教師である。苦しいけれど楽しい、楽しいけれど苦しい、「苦っ楽しい学校」を創造する意欲に満ちた教師集団の熱意ある営みこそ、子どもにとって学校は魅力ある「磁場」となり得るのである。「教育は、畢竟、教師論に帰着する」ことを忘れてはならない。

二　子どもを「みる」観察眼と精度の良い「聴診（心）器」

教師が「子どもの心に迫る」ためには、解像度の良い観察眼と精度の良い「聴診（心）器」を持つ必要がある。教師が子どもを「みる」行為は、「見る・観る・試る・診る・看る」があるが、子どもの表層的な側面のみしか捉えていない「見る」から、子どもの心奥を理解し、子どもの心に寄り添い支える「看る」ことへの転換が必要である。「看る」という漢字を分解すると「手」と「目」になる。教師の本質をみる「目」とそれぞれの子に合った「手」を差し伸べて、その子なりの「生きる力」を育てることが生徒指導の本質である。

「子どもが見える」教師は、「子どもが見せたがっていること」が見える教師でもある。また、器官言語や身体言語まで聴き取ることのできる精度の良い「聴診（心）器」を持った教師でもある。

給食の時間に一人で食事をしていたり、昼休みに図書室で一人ぽつんとしたりしている生徒がいたら不登校が近いかもしれない。仲良し三人組はいつまでも仲良しではない。はじき出された一人が明日にもいじめと恨みの遺書を書くかもしれない。クラスの中で、登校時刻の早い（遅い）子どもは誰と誰で、それはなぜなのか。こんなことは各種の検査やいじめアンケート調査で分かるものではない。時間と手間を厭わぬ教師の眼力に頼るしかない。「いじめアンケート調査」で、「うちの学級はいじめゼロだった」と喜んでいる教師の目には、子どもの真の姿は映っていない。「いじめられていないと書かざるを得ないのはなぜか」の「問い」を持ち、子どもの真の姿を求め続ける教師の感受性が大切なのである。子どもの心や学級は「生き物」であり、心の問題の因果関係は、化学式のように明確ではない。いじめ被害者の反応も、クラスの集団力学や保護者や教師の対応、本人の性格等で変わることはわきまえておくべきだろう。

現代の子どもは、一見、自己中心的で何者をも恐れないような存在のようにみえる。しかし、本当は脆くて頼りない自己を抱え、他者との関わりを恐れているのかもしれない。非常に傷つきやすく、自分を守ることに精一杯なのかもしれない。「排除・内閉・迎合・同調・風景化」の「他者を無化する」方法で、自分を精一杯守っているのかもしれない。だからこそ、音声言語にならない器官言語や身体言語で発信しているパルスを、教師はキャッチし、それを日常の授業や学校行事等に生かさなければならない。子ども文化と対峙的関係にある教師文化をつなぐ「校風文化」の質こそ、「いじめ」の未然防止を左右するのである。その努力をし続けたいものである。

学校で実際に「いじめ」問題に対応していく場合、注意しておくべきことは「訴え」＝「いじめ」ではなく、「訴え」があっても「いじめ」のないケースがあるということである。「もしかしたら」という教師の「勘」が重要な「鍵」となる。自分には何もないのだと自己否定する子どもは、自傷行為や自殺に走る場合もある。一方、自分は絶対であり、他の人はすべてダメだと他者否定する子どもは、暴力行為や殺人をする場合もある。自己否定の子か他者否定の子かは、教師の日常の「勘」で判別できるはずである。だからこそ、「子どものそばにすべてがある」なのである。

三 「チーム教育」から「チーミング教育」へ

いじめを未然に防止するポイントは、「誘因と要因」を区別し、因果関係を円環的視点により子どもを理解することである。問題を固着させている持続因子の把握は、一人の教師では難しい。欠席による余得、いじめを必要とする集団力学、スケープゴートが必要な家族システム、これらの複雑な多義的脈略の中で起こる現象は、一人の教師の力では限界がある。社会科の授業でみせる顔も、音楽の授業でみせる顔も、同じA君なのである。

ある子どもの状態を問題であると感じるか否かは、人や組織の問題意識の持ち方で異なってくる。現状に満足していれば問題意識は起こりにくいし、望みが高い人の目には、この世は問題ばかりとなる。発見した問題を「重要性・緊急性・拡大性」の三つの視点で整理し、問題を構造化する作業が必要である。問題を構造化するフレームとは、「なぜその問題が起こったのか」→「今、具体的にどのような問題があるのか」→「このまま問題を放置したらどのような結果になるか」→「だから、問題を解決するためにどういう手段をとるか」ということを、整理して可視化しておくことである。

そのためには、「チーム教育」ではなく、「チーミング教育」への「教師文化の質的変容」が重要になってくる。「チーム」は名詞である。教師が共通の目標を目指して協力する固定化された静的なチームではなく、境界のない動的な活動プロセスを有した「チーミング教育」ができる教師集団こそ、いじめを未然に防止することができる。

「チーミング教育」のためには、日常の教育実践を見直して、①率直に意見を言い合う、②協働する、③試みる、④省察する、を実践したい。個人が入手した情報を全員が分かるように表示し、それが教師の共通理解になる。この行為をチーム内教師全員が繰り返すことにより、チームの知識・行動・態度が共通化し、徐々に方向性が一致し、認識の尺度が均一化していく。効果的な「チーミング」を行うために、絶対必要条件として「自分の見方の方が、他の先生の見方よりも正確だ」という自然に生まれる思い込みを断ち切ることが必要である。教師という職業を経験すればするほど、「四つの心の病」にかかってしまう恐れがある。「四つの心の病」とは、「うぬぼれ、おごり、甘え、マンネリ」である。この「心の病」を取り除かなければ、問題を抱え「困っている子どもたち」を救える教師集団には生まれ変われない。

私のささやかな体験で申し訳ないが、「チーミング教育」をするために、学年の教師集団の合言葉として、禁句にしていた言葉がある。「だから仕方ない」「だからダメなのである」である。前者は、それ以上子どもと関わる方途を捨て去った単なる教師の愚痴に過ぎず、後者は、子ども側の事情を無視した教師側の判断に過ぎない。「どんな視点で、何を観察し、どのように考え、共通実践していくか」の教師文化の創造こそ、昨今の教育問題を少しでも解決するストラテジーになるだろう。

「チーミング教育」の成否は、管理職のリーダーシップにかかっている。「上司の態度」が「同僚関係」の構築に関係しており、「同僚関係」は、「チームワークの自信」に影響を与えている。

この「チームワークへの自信」は、「職務満足」「仕事への意欲」「看護（教職）への自信」に影響を及ぼしていることが分かる。集団が何らかの目標に対して実行する能力に自信を持っている状態を、「集合的効力感のある状態」（Bandura,1995）という。「集合的効力感」は、いじめ未然防止のための「教師文化」の創造に重要な意味を持っている。高い「集合的効力感」を教師が持てるように、日々管理職が関わることが「学校経営」そのものなのである。

おわりに

「物で栄えて、心で滅ぶ」。薬師寺の管長を務められた高田好胤氏の言葉である。現代社会の現実から発せられた未来社会への痛切な警告である。人口の都市集中化が進み、自然との触れ合いが喪失し、勤労体験や直接体験が減少するにつれて、没個性化・非人間化の状況が露呈されている。今年、川崎、岩手、寝屋川で起こった青少年に関する事件は、何を意味しているのだろう。欲望の昂進肥大、享楽的傾向の増幅、秋葉原のＪＫビジネスなど不健全文化の過多により、大人も子どもも消費社会、情報化社会、都市化社会の負の世界に巻き込まれている。子どもたちの置かれた状況は深刻化の一途である。

しかし、子どもを救うことのできる最後の砦は、「教師」しかいない。

「教師として生きる覚悟」「教師として一生を終える覚悟」を持った教師たちによるプロの実践しかない。私は一人でも多くのプロ教師と出会いたいものだと密かに念じている。

［参考文献］

金本房夫『であい―平凡の充実―』松栄印刷所
久冨善之「学校文化の構造と特質」『講座学校第６巻』柏書房
拙文「『いじめ』の未然防止のための『教員文化』の創造と課題」『教職研修十二月号』2012
荒川智編『教育学』メヂカルフレンド社
エイミー・C・エドモントン著　野津智子訳『チームが機能するということはどういうことか』英治出版
高山奈美・竹尾恵子「看護活動におけるチームワークとその関連要因の構造」(J Nurs Studies NCNJ Vol8 No.1, 2009)

（兵庫県教育委員会『兵庫教育十二月号（2015.No.788)』掲載）
（教育開発研究所『教職研修』2012.12掲載）
（協同出版『教職課程』2012.2 No.38掲載）

第六部

人は人によりてのみ人となり得べし

――カント

大島正裕　『心に感動を呼ぶこの名文句』　三笠書房

講演記録「教えること、育てること、そして、愛すること」

〜教師として生きる『覚悟』を問う〜

はじめに

私は、松山生まれの松山育ちです。明治の松山が小説の舞台になりました。司馬遼太郎さんの『坂の上の雲』です。司馬さんは、この小説の中で、次のようなことを書かれています。

「楽天家たちは、そのような時代人としての体質で、前をのみ見つめながらあるく。のぼってゆく坂の上の青い天にもし一朶の白い雲がかがやいているとすれば、それをのみみつめて坂をのぼってゆくであろう。」

この時代、親が子どもに「勉強をおし」というのは当たり前のことでした。「信や、貧乏がいやなら勉強をおし」と秋山兄弟の父もわが子に諭していました。明治の時代、親は子どもに「勉強おし」と諭し、子どもたちは『一朶の白い雲』をめざして一生懸命生きていきました。その向こうに国家があり、若者たちは国家にかかわることを誇りとしていました。

今の時代、若者たちに『一朶の白い雲』はあるのでしょうか？　それとも『一朶の白い雲』が見えにくい、いや、見つけにくい時代になってしまっているのでしょうか？

十四歳の少年がバスジャックした事件が起こりました。彼は、取調室で「世間を騒がせたかった」「親を恥ずかしめたかった」と話したそうです。普段は、まじめな学級委員長でした。また、十五歳の中学三年生の少女が、父親に「勉強しろ」と言われ、それに反発し父親を刺殺した事件も起こりました。明らかに、あの明治の時代とは親子関係に変化が見られます。そう感じるのは私だけでしょうか？　横浜では「原発いじめ」が起こりました。あの原発事故で避難している子に対して「ばい菌扱い」した上に、「原発事故の賠償金を持ってこい」といじめたそうです。いじめられた彼はノートに「いままでなんかいも死のうと思った。でもしんさいでいっぱい死んだから辛いけど、ぼくは生きようときめた」と。この事件の背景には、明らかに異質性の排除と消費社会の蔓延が見えてきそうです。東北ではスマホに遺書を残して死んだ十四歳の少女もいます。この死の背景には情報化社会の問題が見え隠れしています。

渋谷でタスキをかけた女子高校生たちに出会いました。「何をしているんですか？」と声をかけると、「クラスの○○さんが、ある日、家庭からも学校からも消えていなくなったので、私たちは探しているのです」と答えてくれました。現在の日本で、女子高校生が、ある日、突如、家庭からも学校からも消えてしまうことが起こっているのです。

もう一度、みなさんにお尋ねします。今の時代、若者たちに『一朶の白い雲』はあるのでしょうか？　それとも『一朶の白い雲』が見えにくい、いや、見つけにくい時代になってしまったのでしょうか？

私たちは、どのような子どもを育てていかなければならないのでしょうか？　そのために、私たちは何をしなければならないのでしょうか？　「子どもが育つ学校」とはどのような学校なのか、「学校の役割」について、今日は、みなさんと考えてみたいと思います。

その答えの一つは、全ての子が生き生きと輝いて「命の根っ子」を伸ばしているような、そんな学校、そんな教育をすることだと思います。

兵庫県の校長先生をされた東井義雄先生が『培其根』という本を書かれています。その中に、こんな文があります。

「根が枯れては、花が咲かない。

根が腐っては、実はならない。

見えないところが、見えるところをささえる。

根のある草は、自ら伸びる。花を開く。

われわれにとって、『根』とは何か？」

東井先生は、親や教師は、子どもの見えている姿のみに目が向いて、地中にある「命の根っ子」がどうなっているのか、見ていない傾向がある。問題行動が起こると対処療法的な目先のことばかり目が向いてしまう。そうではなく、子どもたち一人ひとりの「命の根っ子」を見るようにしなさいよ、というメーセージを私たちに伝えているように思います。一人ひとりの「命の根っ子」を育てる教育をしなくてはならない。

それでは、「命の根っ子」を育てる教育って、どんな教育だろう？　とさまざまな本を読んでいると、ドイツの教育哲学者エーリッヒ・フロムの『愛するということ』という本に出会いました。「“viel haben”ではなく、“viel sein”であれ！」という言葉が私の心に響きました。これを直訳すると「持っていることに多くであることよりも、存在することに多くあれ」ということになるのでしょうか。知識をたくさん持っている、物をたくさん持っているということは確かに大切なことなのですが、本質的なことではないように思います。大事なことは一人ひとりの存在そのものが豊かであることではないでしょうか。そこがまさに人の魅力だと思います。最近の家庭や学校の様子を拝見しておりますと、「学習し覚え蓄える」、まさに“viel haben”なんですけれども、それればかりを重視しているような教育を展開してはいないでしょうか？　その学んだことが、その人の人格とか人間性に結び付いていたらいいのですが、そうじゃない世界も見られる。そうではなくて、“viel sein”自分が生きている意味、存在の意義をいろいろな面で考えられる教育を幼児期から一貫して行う必要があるように思います。

この“viel sein”の教育実践のヒントとして、私はマサチューセッツ工科大学のシャインが主張する三つの柱に注目しました。

・自分はいったい何が得意か。能力や才能についての自己イメージを広げる。
・自分はいったい何をやりたいのか。動機とか欲求についての自己イメージを広げる。
・どのようなことをやっている自分なら、意味を感じ、社会に役立っていると実感できるのか。意味とか価値についての自己イメージを広げる。

そういう教育を幼児期から進めることが重要なのではないかと考えます。

一　子どもの質的変化とその背景

ここ十年近くの間に、わが国の子どもについて書かれた本のタイトルにはある特徴がみられます。「衰退する子ども」「退化する子ども」「子どもの心の危機」「人間になれない子ども」「他人を見下す、許せない子ども」など、ネガティブな修飾語を使って語られているのです。

ある人が最近の子どもの質的変化を四つにまとめていました。「新しい荒れ」「学びからの逃走」「学校外のリアリティ」「自己有用感のなさ」です。

一つ目の「新しい荒れ」とは、自虐性と攻撃性がエスカレートしていることです。自虐性に関しては、例えば、厚生労働省の調査では、二十代前半までの女性の七人に一人の割合で自傷行為・リストカットの経験があるそうです。自分の手首を切って流れ出る血を見ることでしか生きている実感が得られない状態の子がいる。悲しいですね。また、攻撃性に関しては、他者に対して「ムカツク」とか「キレる」という言葉を使って排除し、他者の命がなくなるまで攻撃をし続ける。未成年者による殺人事件や薬物乱用等の話を聞くと、そういう世界でしか生きられない子がいることに驚きを感じます。

二つ目の「学びから逃走する」ということは「学校から逃走する」と考えてもいいと思います。学校というところは「競争」「序列」「選別」を軸として展開されます。ペーパーテストの得点が高いと、あたかも人間性までもがよいと見るまなざしを、私は「学校的まなざし」と呼んでいるのですが、「学校的まなざし」から「逃避・抵抗・拒否」したい子がいるということを忘れてはならないと思います。保護者が「兄ちゃんはできたのに、あんたはダメだ」という言葉を発するということは、まさに「学校的まなざし」で子どもを値踏みしていることになることを忘れてはならないでしょう。

三つ目の「学校外のリアリティー」とは、学校の授業やさまざまな活動よりも、子どもたちは学校の外のスマホやネットやゲームの世界にリアリティーを感じてしまうということです。私たち教師は「授業で勝負する」という言葉を忘れてはならないと思います。子どもたちが目を輝かせて「わかる・できる・楽しい授業」を創造したいものです。

四つ目の「自己有用感のなさ」は、私が最も訴えたいことです。自尊感情ではありません。自尊感情は、自分はこんなことができる、自分はこういう特性があるという、あくまでも自己に対する認識ですが、自己有用感は、自分は誰かの役に立っているという実感だと思います。そういう意味では、"viel sein"の世界だと思うのですが、生きている意味を実感できるような教育が必要だと思います。それなのに「当てにされない」子どもを学校でも家庭でも育てているのではないでしょうか。夕食時に、女の子が「お母さん、私、手伝うわ。」と台所にやってきた。母親は「ここはいいから、あなたは自分の部屋で勉強しなさい。」と言ってしまう。まさに「学校的まなざし」を子どもに向け「当てにされない子」を育てている。この女の子にとって一番欲しい言葉は「あなたが手伝ってくれてお母さんは助かったわ。」という一言ではないでしょうか。学級でも「当てにされない子」を育てていないか考えてみてください。

文部科学省のホームページに「子どもの発達段階ごとの特徴と重視すべき課題」が載っていますが、この中で、子どもを育てる上での留意すべき社会変化を五つ提示しています。

①社会規範の流動化・弱体化、価値観の多様化
②日本的な共同社会の変質、地域における人間関係の希薄化
③親の孤立、家庭の養育力・教育力の低下
④子どもの生活体験、自然体験等の機会の減少
⑤テレビ、携帯電話、インターネット等の情報メディアの普及

子どもの質的変化の背景には①から⑤が複合的に絡んでいる要因があるのではないでしょうか。だからこそ、異なる専門性をもつ人々がチームを組んで対応する必要があるのでしょう。家庭は、核家族化・消費化・ホテル化しています。地域社会は、無縁化・私事化・浮遊化しています。これらを背景として、子どもが大人に向かう成長の道筋は複雑化している。だからこそ領域横断的な組織体制が指導者側に求められるのでしょう。

「ミウチ」と「タニン」という分け方がありますが、その間には「セケン」という世界がありま す。その「セケン」を祖父母や両親から聞くことによって子どもは育っていた。「セケン」とは慣習や規範です。祖父母や父母から「セケン様に後ろ指指される生き方をしてはいけない。」とか「セケン様に笑われることのない生き方をしなさい。」と慣習や規範を内在化する機会がありました。

しかし、高度経済成長期から核家族化し、家庭から祖父母がいなくなった。当然、子どもたちは、「セケン」意識を聞く機会が減ってしまいます。一九七〇年代以降は、家庭において「セケン」意識を語る親が少なくなってしまったのではないでしょうか？　消費社会・情報化社会・都市化社会において、「私事化社会」の蔓延は、地域共同体的な子どもを育てる環境を消滅させてしまったのではないか。換言すれば、これまで子どもが成長していく上で大切であった、タテ社会の「強育」と「響育」、ヨコ社会の「共育」、ナナメ社会の「協育」、地域社会の「郷育」と「薫育」が消滅してしまったのではないでしょうか？「〇育」の環境が変化し、子どもが規範意識を内在化することが難しい時代になったとも言えそうです。

ところで、次の写真は、私が生まれた時の私の家族です。これだけの人が一軒の屋根の下に暮らしていました。

父は五人兄弟の長男で、父の一番下の兄弟と私の姉の年齢差が同じというそんな世界に私は生まれました。そして、物心つく前から、私は「他者との相互行為の意味」を学んでいたように思います。

平松家には「お風呂七分間ルール」というのがありました。お風呂に入る時間が決められていたのです。誰かが七分以上入ったり、お湯をたくさん使ったりすると、一番最後に入る母親は夜中になってしまう。お湯もわずかになってしまう。つまり「お風呂に入る」という日常生活の中で、他

者を意識せざるを得ない世界があったのです。

日常の生活の中で、誰に教えられるということもなく自然と身に付いていったのだと思います。「平松家じゃんけんルール」というのもありました（笑）。親戚からみかんを一箱いただくと、数個ずつ分けて、どの塊を取るかはじゃんけんで決めるのです。家長であるとか年齢がどうであるとかは関係ありません。じゃんけんで勝てば、自分の好きなみかんの塊を取れるのです。負けたら最後に取ります。あとは自分の好きなときにいくらでも食べていいのです。一度に食べてしまうと、他の人が美味しそうに食べているときもただ見ているだけ。そういう生きる厳しさが「みかん分け」にも仕組まれていたのです。他者との相互行為がそこにはありました。

私が一番忘れられないルールがあります。私は上下女の三人兄弟の真ん中で長男です。長男ですから跡取りです。世間では大切にされて育つのでしょうが、私の母は違っていました。たまに買ってくれるショートケーキも二個しか買わないのです。そして、母親が私たちに示したルールは、「包丁でケーキを切った人が一番最後に取りなさい」というものでした。私が包丁で切るときは最後に取ることになりますから、いちごの大きさやクリームの量まで考えながら切ったことを覚えています。今思えば、「分配と平等」の精神を教えてくれていたのでしょう。生活の中に生きるための知恵が散りばめられていたといってもいいと思います。

少し脱線してしまいましたね。お許しください。

家庭の役割は、よく言われますが「しつけ」と「癒し」です。社会人として自立した人間になるように育てる社会的機能と、心身を休め活動のエネルギーを補給する安定化機能といってもいいと思いますが、最近の幼児の虐待の事件は、このバランスがとれていないように思います。

大阪の事件「食事与えず小六衰弱死・やせ細りわずか十九キロ・部屋から何度もなき声・虐待認識なかった」。福岡の事件「五歳殺害容疑母親逮捕・洗濯機に入れて回した」、船戸結愛ちゃんの事件は、教育に携わる者としていたたまれなくなります。「朝四時起床・反省文・もうおねがいゆるして！」なぜこのような虐待が起こるのでしょうか？　児童虐待の背景には、家庭の抱える複合的な困難が見え隠れしています。たとえば、養育者や子どもの障害や疾病、不安定な就労状況、家庭内不和や近隣とのトラブルなど、心理的・経済的・社会的な困難が複雑に折り重なった状態が虐待事例の背景にはあると考えます。だからこそ、虐待問題への対応は、医療、福祉、保健、教育、警察などの多領域にまたがる組織の連携が必要なのです。

問題なのは、保護者はわが子を虐待しているとは認識していないことです。「しつけの一環としてやっているんだ。」と反論されてしまいます。そんなとき、みなさんはどう対応されますか？私は、友田明美さんの『子どもの脳を傷つける親たち』（ＮＨＫ出版新書）を読んで、とても学ばせていただいたことがありますので、ご紹介したいと思います。

“maltreatment”、マルトリートメントという言葉を覚えてください。マルとは「悪い」、トリートメントとは「扱い」の意味で、“maltreatment”は「不適切な養育」という意味だそうです。「うちは虐待なんかしていませんよ。」と反論される親御さんに、それでは“maltreatment”はされていませんか？　と話しかけてみてください。親御さんの言い分は、たとえば「殴り方を手加減すれば虐待ではない。」とか「子どもの行為を正すために、やむなく殴るのだ。」「一度きりならいいだろう」というようなことを言われた場合、それらは“maltreatment”なんだということを教えてあげてください。家庭という密室での親子関係について、第三者の先生方が判断を下すのは容易ではありません。しかし、「maltreatment＝不適切な養育」ということは教えてあげてほしいと思います。強者である大人から弱者である子どもへの不適切な関わり方、たとえば、言葉による脅し、威嚇、罵倒、無視、放置、子どもの前で繰り広げられる激しい夫婦喧嘩、全て“maltreatment”だということを保護者に教えてあげてください。「行為が軽かろうが弱かろうが」「子どものためだと思ってした行為だろうがなかろうが」「傷つける意思があろうがなかろうが」子どもが傷つく行為は全て“maltreatment”なんです。友田さんは「マルトリートメントという言葉が日本で広く認知されるようになってほしい」（二十九ページ）と考えておられます。ぜひみなさんが広めてください。

東北大学の川島隆太氏の研究では、三から五歳の頃は「記憶・感情」をつかさどる「海馬」の感受性期だそうです。九から十歳は右脳と左脳をつなぐ「脳梁」の、十四から十六歳は思考や行動をつかさどる「前頭前野」の感受性期だそうですが、その時期に“maltreatment”を受けていると、脳が正常に発達しないそうです。先ほどご紹介した友田さんは、子ども時代の辛い体験による傷つく脳をfMRIの手法で明らかにされました。暴言で聴覚野が変形した事例、厳しい体罰で前頭前野が委縮した事例などを画像で明らかにしたのです。驚くのは“maltreatment”をやめれば、それらの脳が回復することも明らかにしたのです。これはすばらしい研究だと思います。環境を変える説得力ある理由になります。

みなさん、「家族には多様な『かたち』がある」ことを忘れないでください。家族の「かたち」の多様化が進行し、「標準的な家族像」を前提とした指導や教育が成り立たなくなった時代だという認識をぜひもっていただきたいと思います。未成年の子がいる親の離婚件数や親が離婚した未成年の子の数が増えています。今日では、離婚・再婚を経験し、直接的な血のつながりのない成員を含む「ステップ・ファミリー」という家庭も珍しくありません。諸事情で祖父母に養育されている子もいます。「家族には多様な『かたち』がある」ことを前提に、子どもの家庭的な背景を理解する必要性がこれまでよりも高まっているという認識を、ぜひお持ちください。

みなさん、東京の秋葉原事件は、記憶に新しいと思います。何の罪もない七人の命を奪ったあの事件です。「誰でもよかった」という容疑者のコメントは、私には理解できません。

彼が取調室で語った自らの生い立ちを、ある新聞社は次のように報じていました。

「小学生時代に母親から厳しいしつけを受けたことを明らかにした。『食べるのが遅い』と夕飯をチラシの上にぶちまけられて食べるように言われたり、小学校高学年でおねしょをして、おむつをつけられたりしたという。『屈辱的だった。自分の物の考え方に影響を与えたと思う』」と。

彼にとって、家庭は居場所ではなく、本音で話せるのはネット掲示板だけだったというのです。

佐伯胖氏が子育てのドーナツ理論を提唱されています。

保護者や教師の生き方そのものが、子どもの養育に影響を与えるという理論です。この秋葉原事件の容疑者の親御さんは、いい高校、いい大学、いい会社という「学校的まなざし」だけで子育てをしていたのではないかと想像してしまいます。“viel haben”の地位財のみ求めて子育てしたため、彼には“viel sein”が育っていなかったのではないか。教師は学校の集団の中での子どもの姿をキャッチできる職業です。たとえ保護者が“viel haben”だけを求めて子育てしていても“viel sein”の教育をすることができる職業なのです。子どもを救えるのは教師なのです。それを忘れないでください。

二 「いじめ」の問題を考える

いじめの問題は、とても深刻です。いろんな方がいろんないじめ論を述べられておりますが、現代型いじめの特徴は、次の三点ではないでしょうか。

○陰湿化。加害行為が教師にも保護者にも外から見えにくい。
○加害・被害の流動性。誰もが加害者にも被害者にもなってしまう。
○集団化。いじり・からかいがエスカレートしやすい。

いじめを苦にして自殺した事例から、私たち教師は多くのことを学んできました。藤川大祐氏の研究（『いじめで子どもが壊れる前に』角川学芸出版）が示唆的ですのでご紹介いたします。

鹿川君事件では学校に相談窓口を設置しました。大河内君事件ではスクール・カウンセラーを学校に導入することを決めました。筑前町と滝川市事件では社会規範を守り共感性を育む教育の重要性を学びました。大津市事件では警察等との連携の重要性を学びました。中野富士見中事件では「ヨソモノである「教師がいじめに荷担するといじめは加速する」ことを、山形マット死事件ではことがいじめのターゲットになる」ことを、名古屋恐喝事件では「コミュニケーション弱者が深刻な被害に遭う」ことを私たち教師は学んできました。

果たして、これらの教訓が活かされているのでしょうか。尊い命を失った数々の事件から、私たち教師は多くのことを学んできたはずです。それが日常の教育の営みの中で活かされているのか、ここに常に意識を向けていただきたいと思います。「ヨソモノがいじめのターゲットになりやすい」という教訓は、たとえば学級に転入生が入ってきたときに活かされているでしょうか。学級には「目にみえない文化」があります。転入生は、その文化になじんでいくための儀式があるはずです。その時期を学級担任は注視しておく必要があるのです。

森田洋司氏が「いじめ四層構造論」を提唱されたとき、私は衝撃を覚えました。なるほど、学級内の人間関係をこのように構造的に捉えると子どもたちの姿が見えるのだと、今もそのときの感動を忘れることができません。学級内には、「いじめている子」「いじめられている子」「周りではやしたてている子＝観衆」「見て見ぬふりをする子＝傍観者」がいるというこの「四層構造論」は、今でも忘れてはならない理論だと思いますし、日本の教師であるならば、これを知らない人はいないでしょう。

ところが、この「四層構造論」だけでは説明できない子どもたちの変化を、私は感じています。教育社会学会等での最近の研究発表においてもそれが散見できます。

いじめには、「学級からある特定の子を排除するいじめ」と「いじめ集団の人間関係の中で起きている飼育のいじめ」の二つがある。「排除」と「飼育」のいじめと呼んでおきましょう。

「排除のいじめ」とは、「四層構造論」と似ていて、学級のリーダー的存在の子が、そのグループ内のパシリを使って、学級内のいじめのターゲットにいやがらせ等のしかけをする。すると学級内でその子を「排除」する行為がみられ始めるというものです。新潟県新発田市で中二男子が自殺した事件は、まさにこの「排除のいじめ」があったと考えられます。彼は「自分が教室に入ると雰囲気が変わる。仲間はずれにされている」と話して自殺しました。トイレ等から自分の教室に戻ると、それまでわいわいがやがやと楽しい雰囲気であった学級が、急に静まり返る。だれも自分と話もしてくれない。やがて保健室登校になり、それもできなくなって不登校に。いじめのターゲットが登校しなくなると、ターゲットを変えて、同じような行為を繰り返す。

それに対して「飼育のいじめ」とは、いじめ加害者グループ内で起こるいじめを指します。パシリ等に使われ、からかいやちょっかいをされながら、そのグループに所属するしかない状態。被害者は他に仲間がいないと感じ、グループから抜け出られず攻撃を受け続けるいじめです。

このように二つのタイプのいじめが同時進行形で発生する状態を、私は「いじめ多層構造論」と呼んでみたいと思います。「四層構造論」では説明できないいじめの姿が把握できるのではないかと思っています。

さて、最近読んだ本の中に、中野信子さんの『ヒトは「いじめ」をやめられない』(小学館新書)という本があります。いじめの問題に、脳内ホルモンから説明した一つの考え方ですが、これはとても興味深かったので、みなさんもぜひご一読ください。中野さんは、「いじめがなぜ起こるのか?」という問いに対して、それは「schadenfreude=シャーデンフロイデだ」と説明されます。「ねたみ」と言ってもよいでしょう。人間誰しもがもっている他人を引きずりおろす快感。誰かが失敗すると思わず沸き起こってしまう喜びの感情、それこそがいじめの原因だというのです。人間誰でもこの感情があります。だから、いじめはいろんな場所で発生し、なくなることはない。そうかもしれないなと私の視野を広めてくれた本でした。

もう少し中野さんの論をご紹介します。学級は「類似性」と「獲得可能性」という二つの特徴をもって構成されます。「類似性」とは、性別や趣味嗜好などが似通っているかを示す指標です。自分と同じくらいの立場の人が自分よりも優れたものを手に入れていると、より悔しいという感情が生まれてきます。「獲得可能性」とは、相手がもっているものに対して、自分もそれらが得られるのではないかという可能性のことです。自分と同等の人が、自分が手に入れられないものを手に入れたときに、うらやましく思うだけでは済まず、ねたみが生まれます。この二つが複雑に学級内の子どもたちの心理に影響するそうです。

学級は構成員が、自ら時間や資源等を提供し、集団によって生み出される利益や付加価値を受け取る関係にあります。つまり「リソース」を提供し「利益」を得る関係で成立しているのです。

具体例で考えてみましょう。「放課後、合唱コンクールの練習をして優勝を目指そう」と学級会で決定し、早々に練習が開始されたとしましょう。学級内のA君が「オレは塾があるから放課後の練習なんてまっぴらだ。」と欠席したとします。A君のようにリソース=自分の時間を出さない人を中野さんは「フリーライダー」と呼んでいます。もし合唱コンクールで優勝したらその「利益」を同じように受け取ることになります。A君を野放しにしていると、「A君が練習しないで済むのなら、私も放課後習い事に行くわ。」とリソースを出さない人が増え、学級集団は崩壊してしまいます。それでは困るので、A君に対する「制裁行動」が始まる。それがいじめなのです。「成績を上げるためには手段を選ばない奴だ。」とA君への誹謗中傷、ネットでの仲間外しが始まります。「合唱コンクールで優勝する」ための学級活動ですから、正義の御旗は学級内の多数派にあります。ロイヤリティーは学級の多数にあるのです。内藤朝雄氏の言葉を借りれば「群れたみんな」や「自分たちなりの特殊な秩序」があるのです。そこで、A君を孤立させる制裁行動が始まるのです。集団の規範から逸脱した行為や仲間内の暗黙の合意から外された行動を理由に発動されるいじめは、「正義」というパワー資源に依拠した正統性をもち、集団内の制裁という色彩を帯びてきます。規範に裏打ちされた「正義の御旗」が立てられているために、いじめられる側は逃れがたいのです。「自分勝手だ」「わがままだ」「いつも忘れ物をする」「ルールを守らない」「清潔でない」「変わった癖がある」など、集団が個を集団の外に追いやってしまう逃れがたい状態になることが「いじめ」なのです。

私は「いじめを見たときにどういう対応をしますか?」というアンケート調査をしたことがあります。

(ア)「やめろ」と言って止めに入る。

(イ)先生に知らせる。

(ウ)友だちに相談する。

(エ)別に何もしない。

(ア)から(エ)を子どもたちに選択してもらいました。その結果、年齢が上がるにつれて「仲裁者が減り、傍観者が増える」という傾向が明らかになりました。小学生は「仲裁者」の役割を担ってくれるけれど、高校生は「傍観者」になるという傾向です。

この「傍観者」の立場にアプローチしないと、いじめ問題は解決しないと考え、次のような実践をしてみました。

いじめは日常生活の延長線上で起きることが多いですから、学級内で起こった出来事をカード化します。その出来事ごとに「とてもひどいいじめだ」は「A」、「いじめではない」を「E」というように五段階で子どもに判断してもらいました。すると、学級内の子どもの「判断基準」が見えてくるのです。日常生活で起こり得る出来事と子どもが考える「いじめ判断基準」の関連が見えてくるのです。

私が最も注目したのは、「体育着を隠して被害の子が探しているのを見て笑って見ていた」は九十％の生徒が「いじめである」と判断したのに対して、「体育着を隠して被害の子が探しているのを見て知らん顔した」は七十五％の生徒しか「いじめである」と判断しませんでした。つまり傍観者は「いじめではない」という考えがあるということに驚きました。

さらに、「持ち物隠し」は九十七％の生徒が悪いこと、「友だちをからかうこと」は九十％の生徒が悪いことであると回答していますが、「持ち物隠し」は「悪いことだが面白い」と回答している生徒が二十％もいます。「友だちをからかうこと」は「悪いことだが面白い」と回答している生徒が四十％もいたのです。善悪の判断は、理性知の判断です。「面白い」というのは、情動のレベルで生じます。「悪いことだが面白い」というのは規範が内在化されず情動を抑制できていない状態を意味しています。この結果からも、観衆や傍観者の立場の生徒への教育をしなくては、いじめの問題は解決しないということを強く感じました。

そこで、ＮＨＫ「いじめをノックアウト」の番組で紹介された大妻中野中学校の実践を参考に、次のような学級活動を行いました。

（本書百八十五ページ『特別授業』で紹介しています。重複しますが、紹介させていただきます。なお、本事例の引用については、大妻中野中学校野崎裕二校長先生及び「特定非営利活動法人『ストップいじめ！ナビ』」の理事である真下麻里子弁護士より許諾をいただいております。）

①ＡＢＣＤＥの仲良し五人組の女子のグループがありました。
②Ｂが大切にしていたＤＶＤとポスターをＡが借りましたが、壊してしまいました。
③ＡはＢに返すときに、何も言いませんでした。
④ＢもＡに何も言わず、ＣＤＥに「Ａさんてひどい」と話しました。
⑤その日から、ＢＣＤＥはＡを仲間外しします。具体的には、「Ａさんと距離を置く」「移動教室のときにＡさんを置いていく」「お弁当を先に食べる」「映画に誘わない」「それまでグループの象徴であったバッジをいつの間にか四人だけのものにする」などの行為をします。

ここで生徒に問います。「これはいじめでしょうか？　いじめではないでしょうか？」

生徒は「いじめだ」「いじめではない」「わからない」の意見を活発に出しました。

話し合いの後「いじめ防止対策推進法」では「やられた人が辛く悲しいと思ったらいじめ」であることを伝えます。

通常のいじめに関する学級活動では、このまま終

「行為の選択」

	A		B		CDE	
	やったこと	できたこと	やったこと	できたこと	やったこと	できたこと
① Aは傷ついたDVDをBに返す	傷つけたこと言わない	謝る				
② BはAに何も言わない			Aに何も言わない	直接言う		
③ BはCDEに言う			CDEに言う	言わなくていい	Bに便乗する	便乗しない
④ BCDEはAに距離をおく			Aと距離をおく	距離をおかない	Aと距離をおく	距離をおかない
⑤ BCDEはAをおいていく			Aをおいていく	おいていかない	Aをおいていく	おいていかない
⑥ BCDEは先に弁当を食べる			先に弁当を食べる	先に食べない	先に弁当を食べる	先に食べな
⑦ BCDEはキーホルダーを変える			ｷｰﾎﾙﾀﾞｰを変える	変えない	ｷｰﾎﾙﾀﾞｰを変える	変えない

いじめを考えるキャンペーンより(大妻中野中学校)

わってしまうのですが、これでは生徒の本音が出ていませんから、生徒の意識、情動のレベルの変化は期待できません。

そこで、「やられた人が辛く悲しいと思ったらいじめ」ということついてどう思う。この事例と照らし合わせて考えてごらん。」と言うと、「この事例ではAに対するBCDEの行動はいじめではないと考える人もいるかもしれません。」と本音の発言が見られ始めます。そして、「辛く悲しいという感情は人によって違うから『いじめの線引き』は全員違うはずです。」という意見が出たところで表を提示し、①から⑦の段階でそれぞれが「やったこと」と「できたこと」を記入させます。

表が完成したところで「この表を見て何か気付くことはありませんか?」と質問します。私は、この表から気付く力こそが、いじめ問題解消に向けて重要な力だと思っています。それはABCDEとも①から⑦の段階で、「できたこと」を選んでいないということです。「やったこと」は人間関係においてよくない行為ですが、それを選んでいることに気付かせることが非常に重要です。

もう一つ気付いてほしいのは、Aの②から⑦の段階が空欄になっていることです。「いじめ」というのは、その人がどうしようもなくなっている状態に陥っていることを知ってほしいのです。この二つの気付きこそ、観衆や傍観者の意識を変えるきっかけになるのではないでしょうか。

三　児童生徒理解～「見立て」と「ものさし」～

生徒指導の目的は子どもたちを学校から社会へスムーズに移行させることにあると考えます。そのために必要なことは何を差し置いても「児童生徒理解」だと考えます。「治す」(リアクティブ)生徒指導においても、「育てる」(プロアクティブ)生徒指導においても、「児童生徒理解」をどうするかが大きな課題となるでしょう。

私は、「児童生徒理解」の「見立て（アセスメント）」と「ものさし」を教師組織で意識統一しておく必要性を感じています。

まず「見立て（アセスメント）」の問題。

最近、子どもと教師の関係は、患者と医者の関係によく似ているなと感じるようになりました。医療の知見を教育の世界に照らして考えてみたいと思います。

医者は、①常に誤診のないように知識を深め、②「診断」告知は慎重に、③検査の限界をわきまえ、④感性を磨き、⑤定期検診を効果的に行う、のが原則ですが、これは教師にも当てはまるのではないでしょうか。Doctorの患者の病気の見立て（診断）の成否は、一命がかかっています。それと同じように、Teacherの子どもの心の見立て違いは、子どもの命を絶ってしまうことになるかもしれないというプロ意識を日本の先生方はそろそろ持っていただきたいと思います。校内での窃盗の犯人扱い「お前がやったんじゃろが」、不登校生の怠学扱い「あいつは怠け癖があるからな」、いじめ被害の虚言扱い「あいつはいつもいじめられたと言ってくる奴だ」など、判断の根拠も不明瞭なまま心無い言葉を子どもたちに投げかけていないか考えていただきたいと思います。

また、保護者はわが子への教師の「見立て」を知るのが怖いのかもしれません。保護者は子どもの心の正体を知るのが怖いのかもしれません。Informed consentも重要です。こんな状態なのでこんな指導を行いたいことを、子どもや保護者にきちんと説明すべきです。苦痛を強要するときには、特に必要なことかもしれません。また、Informed consentのポイントは、相手の受容能力とタイミングも慎重に考えておく必要があるでしょう。「嘘でもいい、よくなると言ってほしい…」。

これが心や身体の『弱き人』の正直な気持ちではないでしょうか。「この病気は難病で現代の医学では治療方法も確立されていません。しかし、医療の進歩はめざましいものがあります。私も最新医療を学びますから、一緒になってこの病と闘っていきましょう。」そんな言葉をかけてほしいと思うのです。教育も同じ。それなのに保護者を学校に呼び出して「おたくのお子さんは○月○日に万引きをしました。○月○日に友だちを殴りました。」と問題行動だけ伝えても何も変わらない。教師は、子どもと保護者に生きる夢や希望薬を処方するのが仕事です。「今は心が乱れていますが、私もこれまでよりかかわりを深めたいと思います。お母さん、今は大変でしょうが○○君が立ち直るまで一緒になって頑張りましょう。」と声かけをしてほしい。それができるのがプロ教師だと思います。

いじめアンケート調査。よくやりますね。私が知っている若い先生の話です。

「いじめアンケート調査の結果、うちのクラスにいじめられている子はゼロでした。」と学年主任に報告したというのです。私はその先生に、「ちょっと待って、それは違うんじゃないかな。『いじめアンケート調査の結果、うちのクラスにいじめられている子はゼロでした。』そこまではいいんだけど、『あの子とあの子とが気になっているのに、いじめられてないと回答したのが気になっています。』と報告するのがプロ教師じゃないかな。」とお話しさせていただきました。こういうアンケートは質問の仕方で結果は変わりますし、子どもは自分をよくみせるために「うその回答」をすることもあるんだということを理解した上で調査結果を分析していただきたいと思います。

いじめアンケート調査の精度を補うものは、教師の感受性や洞察力に頼るしかありません。子どもの言動に対して「なぜだろう?」という精度のよい『聴診（心）器』をあてる習慣を先生方にはもっていただきたいと思っています。心の問題の因果関係は、化学式のように明確ではないのです。教師の研ぎ澄まされた感受性、これこそが「見立て」には重要でしょう。子どもは親や教師の言葉を食べて成長します。しかし、ときには毒のある言葉が成長を阻害することもあることを忘れてはならない。授業中の誤答をクラスで嘲笑された心の傷に、その場でどんな手当てをしているでしょうか。国語の授業で母の日の作文を書かせるときに、母なき子にどんな気配りができているでしょうか。教師の研ぎ澄まされた感受性を忘れないでください。昼休みに一人で食事をしたり、図書室でぽつんと読書したりしている子がいたら不登校状態になる可能性があります。仲良し三人組はいつまでも仲良しではありません。はじき出されたひとりが、明日にもいじめと恨みの遺書を書くかもしれません。クラスの中で登校（下校）時刻の早い者、遅い者はだれとだれで、それはなぜなのか。こういうことは、検査や調査ではわかりません。時間と労力をいとわぬ教師の感受性と洞察力と実践力に頼るしかないのです。子どもが「みせたがっていること」がみえる教師こそが、プロ教師ではないでしょうか。

次に、子ども理解の「ものさし」について考えたいと思います。これも医療現場の知恵を借りたいと思います。

医者は、①誘因と要因を判別し、②因果関係を円環的に理解し、③主観的事実を重視し、④相対的な考え方を重視します。教師もこれを心がけたいものです。

誘因は発症因子で、緊急対応の「とりあえず」の手立てに近い援助です。要因は準備因子で原因除去の「根本対応」を求められる遠い援助です。転校やクラス替えによる不登校は誘因優位型不登校で対応は容易です。それに対し対人恐怖症による不登校は要因優位型不登校で対応は困難です。

この誘因と要因を判別するのは一人の教師では難しいでしょう。協働的職場風土のある教師組織でないとできないと思います。問題を固着させている持続因子の把握は一人の教師では困難です。欠席による余得がそのクラスにあるのではないか、いじめを必要とする集団力学がその部活動にあるのではないか、スケープゴート（いけにえ）が必要な家族システムがあるのではないか、このような問いに対しては、多くの教師の研ぎ澄まされた感受性が必要なのです。

「ものさし」で私が最も強調したいことは、「ヒトの感情は個人差が大きく客観的なものさしはない」ということです。不安、寂しさ、辛さ、悲しさなどの感情に客観的なものさしはないでしょう。時間なら「秒・分・時間」、長さなら「mm・cm・m・km」の客観的なものさしがあります。しかし、感情をはかる客観的なものさしはありません。子どもが「寂しい。」と訴えてきたら、その向こうにはその子の「主観的事実」があるということを忘れないでください。「両親が共稼ぎで夜は一人ぽっちで寂しいんです。」と訴えてきたとき、「それぐらい辛抱しろ。クラスの中でAもBも夜は一人だぞ。」なんて安易な対応をしないでください。その子が「寂しい。」と言ったら寂しいんです。そのことを忘れないでください。

もう一つ先生方にお願いしたいのは、「相対性の原理」で教育していただきたいということです。これは私が中学校の教師の時に意識していた実践です。「相対性の原理」とは、一人ひとりの子どもの辛さと耐性の程度を知り、辛さを少し上回る支援と学校での楽しさ体験を与えれば、相対的に辛さの感度が低下し、不安を軽くできるという考えです。「先生、毎晩、両親が離婚騒動で罵声を浴びせ合ってたまらないんです。」と訴えてきた子がいました。私はA君がその辛さを一瞬でも忘れる支援や体験を「しかけ」ました。たとえば夢中になって楽しく学べる授業であるとか、たっぷりと汗をかく部活動とか。家庭での辛さを一瞬でも忘れることができるような「しかけ」をすると、辛さへの耐性もついてくるのではないかという考えで実践したことがあります。

四　子どもを「みる」ということ

学校は、何をするところなのでしょうか？　全ての子が育つ場所でないといけないと思います。私は愛媛大学教育学部附属中学校の校長をさせていただいた時に、正門に立って生徒を迎え入れる活動をしました。子どもと真に向き合うためには、日々の子どもの変化を感受しておくべきだという考え方からです。

『子どものそばにすべてがある』です。「おはよう」の一言で子どもの変化を見抜き、それを教職員で共有する。まさに「チーミング」です。

朝の教職員の会議は、一日の行事等の確認の時間に使われるのが一般的ですが、そんなことは白板かプリントで周知すればいい。「おはよう」の挨拶でいつもと違う生徒の様子を発見したらその情報を共有化し、その生徒の教育に活かす。それこそが生きた教育実践だと思うのです。「二年B組の〇〇さん、少し元気がなかったので、そのクラスに行く先生は、特に気を付けて関わってください。何か気付いたら付箋紙に記入して白板へ。」正門で服装検査や持ち物チェックして違反者に小言を言って…。そういう教育活動を否定するものではありませんが、子どもが育つ場としての学校の在り方を考えたときに、日々の教育活動の「ムリ・ムダ・ムラ」はチェックしておくべきでしょう。

私たちに「見えている」ものは、その子の本質ではないかもしれないという人間に対する誠実さを決して忘れてはならない。人を育てる営みは、「広くて、深くて、まじめな世界」なのです。「子どもをみる」という行為は一度「みえる」と、それ以外は「みえない」ということを肝に銘じておいてください。教育活動は、人間が行う活動です。そのことを自覚しておくことが大切です。人間の行為ですから、判断の誤りや認識の違いなど、過ちを犯すことは常でしょう。そのことを自覚しておくことが大切です。思い込みや偏見が入ることもあるでしょうし、見過ごし、軽視、怠慢もあるかもしれません。学校現場では、不確実な世界が生み出すリスクに巻き込まれることが多いです。だからこそチームとしての教育活動である「チーミング」が必要なのです。

教師が子どもをみる「み」には、「見→観→視→試→診→看」がありますが、下に行くほど子どもの心の襞に寄り添う「みる」になります。「看」は「看護師さんの看」ですが、「看」を分解すると「手」と「目」、したがって「手でみる」になります。生徒指導の基本は、相手の手を握り、相手の目を見てきちんと語ることから始まるものだと私は確信しています。

五 『平成坊っちゃん物語』の世界

子どもが育つためには、親の生き方が重要です。みなさんは「生きることの意味」について考えたことがあるでしょうか。「人生というものは、自分への挑戦だ」ということを親御さんがその生きざまで見せることが大事だと思います。

青山和子さんの「愛と死を見つめて」をご存知でしょうか。「まこ　甘えてばかりでごめんネ　みこはとても倖せなの」という歌詩で始まる歌です。この歌は、大島みち子さんという実在の女性が、不治の病にかかって病室で書いた日記がベストセラーになったのがきっかけでできたそうです。

この『若きいのちの日記』のある件を紹介します。死を直前にして、みち子さんは「神様、病院の外に健康な日を三日だけください」とお願いします。

一日目、私はとんで故郷に帰りましょう。そして、おじいちゃんの肩をたたいてあげたい。母と台所に立ちましょう。父に熱燗を一本つけて、おいしいサラダを作って、妹たちと楽しい食卓を囲みましょう。

二日目、私はとんであなたの所へ行きたい。あなたと遊びたいなんて言いません。お部屋のお掃除をしてあげて、ワイシャツにアイロンをかけてあげて、おいしい料理を作ってあげたいの。その代わり、お別れのとき、優しくキスしてね。

三日目、私はひとりぼっちで思い出と遊びましょう。そして、静かに一日が過ぎたら、三日間の健康をありがとうと笑って永遠の眠りにつくでしょう。

みち子さんは死を直前にして、おいしいものを食べたり、旅行に行ったり、そういうお金で得られるもので満たされた「とき」を過ごすのではなく、日常茶飯事の当たり前の中に幸せを見い出しているということです。何が言いたいかというと、「そこにあるものを見るのでも、見ようとする心がなければ見えてこない」ということです。わが子のよさ、家庭のよさ、今、みなさんが在籍されている学校のよさ。そのよさを見ようという目がなければ、見ようという心がなければ、見えてこないということです。

私は、この物語を読んで、何度も涙したのですが、実際に松山看護学校でこんな学生さんに出会いました。彼女は、小さいころからあまり恵まれた環境で育っていませんでした。成人されて、素敵な彼に出会って、小さなちっぽけな「幸せ」を手に入れます。ところが、神様は、彼を彼女や子どもたちから奪ってしまったのです。

彼女が一生懸命に生きているのを見て、私も頑張らなくてはいけないなと勇気をいただきました。彼女が私に教えてくれたこと。それは「生きているということは、誰かに借りをつくるということ。生きてゆくというのは、その借りを返してゆくということ」（永六輔）です。彼女の頑張りに拍手を贈り続けるとともに、彼女から教えていただいた生き方を大切にしようと思っています。

人生は、自分がどう挑むかによって決まると思います。「友達のような親なんていらない」。これは異論があるかもしれません。教育や知識において、親が子に劣っていようとも、流行の歌を歌えなくても、それは大した問題ではないと思います。親は、人生行路の先達であることを見失わない、これだと思います。

私は、今日、みなさんの前でこのように拙い話をさせていただいておりますが、小学校時代は、いじめられて勉強もできない、スポーツもできない、どうしようもない少年でした。五十メートルを走ったらクラス四十三名の中のどべ二です。当時は、学級対抗リレーは四十名で走らせていました。私はテントの中でわがクラスを応援する応援団に選ばれました。ただ走るのが遅いだけなのですが…。これは小学校四年生の私です。あだ名は「白豚」「がま蛙」。いろいろないじめを受けました。鞄に蛙を入れられたり、発表して座ったら画鋲が何個もお尻に刺さったり、雨の日に傘をさして帰ろうとしたらその傘を取られて、めちゃくちゃに壊されたりしました。一番怖かったのは、六年生三人に松明を向けられて、怖いので後ろに下がっていったら、崖があって骨折したことです。

今、六十六歳ですが、いまだにゆらゆら揺れるものが、怖くてたまりません。トラウマでしょうか。

スポーツができない、勉強もできない。信じてもらえないと思って、当時の「通信簿」を持ってきました。今と違って五段階です。なんと体育は「1」です。国語と算数は「2」。四十三人の中で「1」がつくのは二人か三人でしょうか。「2」がつくのは四から五人でしょう。この通信簿を持って帰ったときに、母親はショックのようでした。父親が夕方帰ってきて、その通信簿を黙って見て、座敷に呼ばれ、正座をさせられて、面と向かって言われたことがあります。

「なあ、義樹。お父さんは、お前がみんなに馬鹿にされて何もやらなくなっているのが寂しいな。通信簿で『1』を取ったことよりも、いろいろなことを一生懸命やっていないことが寂しいな。お前のよさは、誰にも迷惑をかけず一生懸命生きていることじゃないか。結果はいいから、何か一つでいいから努力してほしいな。」

こんな話でした。

そして、「三つの『あ』」をくれたのです。

『あせらず、あなどらず、あきらめず』です。

「人生八十年、人様が先に就職しようが校長になろうがそんなことは構わない。そんなことは、大したことではない。あせる必要はないよ。だけど、日々、お前が言ったりやったりしていることは、どんな小さなことでもあなどっちゃダメだ。馬鹿にしちゃダメだ。小さな約束を守れない奴が、大きな約束を守れるはずがない。人生八十年、夢だけは持ち続けていなさい。」

その日から、私の生き方が変わったと思います。何事にも努力しようと思うようになりました。

毎日、二キロある神社まで走ることを決めました。ドリルと文字のけいこは三ページずつやることを決めました。親や先生に言われたのではないため、誰かに見てもらうなんてことはしませんでした。自分が決めたことですから、自分でやりとおしました。

なんとか努力が実って愛媛県立松山東高等学校という進学校に入学することができました。ここで忘れられない友と出会います。男だけの七人グループ。グループ名は「七人の侍」です。めちゃくちゃ勉強しました。めちゃくちゃ遊びました。三年間、よきライバルとして切磋琢磨して、みんなで成長しました。ところが、三年生になり、大学進学のときに、他の六名は県外の目標とする有名大学に進学できるようになったのに、私一人だけが愛媛大学にしか合格しませんでした。みんなが笑顔で、晴れて県外の有名大学に行くのが、うらやましくて仕方ありませんでした。「なんで私だけこんな目に…」と、自分が自分で嫌になって、愛媛大学の入学手続きはしていましたが、大学には行っていませんでした。

五月の連休に九州大学に行ったK君が松山に帰ってきて、「平松、何している。久しぶりだから会おうや」ということで、近況報告をすると、彼は、私が一番触れられたくないことをグサリと言ってくれました。

「平松、それは大学の名前にこだわっているだけじゃないか。愛媛大学に行きもしないで、そこに学ぶことがあるかどうか確かめもしないで、めそめそしているお前をみるのは嫌だ。愛媛大学に行って、もし学ぶことのない大学であったら、来年浪人して希望の大学を受け直したらいいだろう。」

この言葉は私には強烈なカウンターパンチでした。

その日から、愛媛大学に行き、自分が驚くほど勉強しました。愛媛大学の図書館の本は全部読んでやろうなんて大それた目標ももったりもしました。できませんでしたが…（笑）。四年間、頑張りました。

この写真（写真は省略）は、大学四回生の夏に、教員採用試験の勉強をしているところです。父が撮ってくれていました。当時、教員になるのは難しかったため、友だちが「国家公務員の中級を受けておかないか」と誘ってくれました。私は中途半端なのは嫌でしたので「上級を受ける」ことにしました。その結果は…。

人の自慢話を聞くのは嫌なものだと重々承知しているのですが、ここから一分だけプチ自慢をさせてください。一分で終わりますから…。

なんと、あの「1」を取った少年が、国家公務員試験の上級試験、いわゆるキャリア試験に合格してしまったのです。しかも二番で。これは愛媛新聞の記事ですが、ここに私の名前があります。「御三家健在、合格者三十一人に一人」という小見出しがありますが、地方大学である愛媛大学からこの試験に合格することはめずらしいことでした。教員採用試験にも合格してしまったのです。親戚一同は、給料も高いし社会的地位も高い公務員になれと囃し立てました。たった一人父親だけは「法務省に行くのも、教師になるのもおまえの人生。だから、おまえが選んだらいい。しかし、自分が選んだ道に誇りが持てるような生き方はしなさい。」と。

この試験は幸いにも「合格」が三年間人事院に登録されますので、すぐに就職しなくてもいいシステムです。そこで、自分がいじめられたあの経験があったので、「いじめのないクラスをつくりたい」という夢もありましたので、一年だけ教師をして、東京へ、なんて甘い考えで赴任したのが、愛媛県上浮穴郡面河村立石墨小学校。全校児童二十七名のへき地三級校でした。これが正門です。校舎は四部屋しかありません。これが教員住宅です。山の斜面に建っており、大雨が降ると土砂崩れが心配なため、学校に布団を持って行って寝たことも何度もあります。冬季は、マイナス五度なんて当たり前。子どもたちはこの山の向こうから登校してきます。朝六時に親がスコップを持って雪をかき分けて連れてきます。私も朝六時にスコップを持って雪をかき分けながら迎えに行きます。途中で出会ったら、お子さんをお預かりして学校に連れてくるのです。

この学校で、ある女の子に出会ってしまったのです。体臭がすごく、嘘をついたり、盗みをしたりするので、みんなから仲間外しにされていました。両親はいるのですが、いわゆる日雇い労働で子育てなんてまったく関心がありません。風呂もないため、寒さから身を守るために、パンツを何枚も重ね着し、猫を抱いたまま寝て、そのままの服で登校しますから体臭は常識の域を超えていました。ウソをつきます。人のものを盗みます。村の家に勝手に入って物を食べます。この子に対する信頼はまったくありませんでした。

「この子を放って東京には行けない！」

何か浪花節的な美談に聞こえるかもしれませんが、私はそう思いました。この子がいじめられている最大の理由は体臭にあるので、これを何とかしようということで、このようなタオルのシャツをつくり、洗濯の習慣をつけさせ、教員風呂にも入れさせて裸の付き合いをさせるようにしました。

「春風をもって人に接し、秋霜をもって自らつつしむ」という江戸時代の儒学者である佐藤一斎の言葉のごとく生きることを決心したのです。

「よし、教師をやろう。春風をもって子どもと接することのできる日本一の田舎教師になってやろう！」

国分一太郎さんがこんなことを言っています。「先生は、バカみたいに、からだのこと、いのちのことを心配しているなあと思われるような存在になっていいのです。」

ささやかな教師生活で、私がモットーとした言葉があります。それを紹介して終わりにしたいと思います。

「子どもに対して消極的な教師にはなりたくない！」

ということです。困っている子に出会うと、私たちはどうしても「だから仕方ない」という発想をもってしまいます。これは捨て去ろう。これは単なる愚痴に過ぎません。もう一つは「だからダメなのだ」も捨て去ろう。これは百害あって一利なし。教師側の価値、教師側の志向性からみた判断であって、子どもの側の事情を無視することになります。

川は岸に沿ってできているのではありません。

川に沿って岸ができているのです。

子どものために、この学校があり、

子どものために私があるのです。

「人心は草木の如く、教育は肥料のごとし」

「子どものそばにすべてがある」

先生方には時代を読み解き、変化の時代にあった学校を創造していただきたいと心から願っております。みなさんがネットワークを組んで、教育の営みをしていけば、きっと次代を担うすばらしい人材を育成することができると信じています。

長時間のご清聴、どうもありがとうございました。御礼申し上げます。

この講演記録は、教職員支援機構主催の「いじめの問題に関する指導者養成研修会」や「中堅教員研修会」、各県の教育総合センター等の研究会で講演したものをまとめたものです。関連して次の研究大会で講演させていただきました。

・全国公立学校教頭研究大会第五十回大会愛媛大会（平成二十年七月三十一日）
・第四十八回全国公立幼稚園ＰＴＡ全国大会愛媛大会（平成二十二年八月五日）
・第五十三回愛媛県小中学校教頭研究大会松山大会（平成二十六年十月二十四日）

跋

「新しい教育実践学の誕生」（金本房夫）

この本の出版を心から応援してくださった金本房夫先生に「推薦文」を書いていただき、「序」に掲載させていただくことにしていた。

しかし、金本先生は頑なにそれを固辞され続けた。

「これは平松先生の本だから『序』に私の文章が載るのは、この本を手に取っていただく読者に失礼だよ。平松先生の文章を読みたくて、この本を手に入れられた方々の気持ちを考えてごらん。」

ここにまで心が至る金本房夫先生は、やはり偉大である。人生を真剣に生き、子どもの心に寄り添い、まじめに教師という「みち」を歩んでこられた金本房夫先生ならではの「哲学」かもしれない。この「哲学」が人と人を自然とつないでいく。リットンが「美しい顔が推薦状であるならば、美しい心は信用状だ」と明言を残しているが、金本房夫先生は「推薦状」を『序』ではなく、「信用状」を『跋』に著すことを選ばれたのだ。とてつもなく偉大であり過ぎる。

凛とした爽風が、心地よくこの本の最後を吹いてゆく。

「新しい教育実践学の誕生」

金本　房夫

畏友、平松義樹先生の本が出版されることになった。

私は嬉しくてたまらないのである。

快哉を叫ばずにはいられないのである。

私は興奮状態の中にある。この胸の鼓動の高鳴りを押さえきれないまま、この本が世に出る喜びを記す。支離滅裂の文になるだろうが、許してほしい。

私が平松先生（以下ときどき「彼」と記す）と出会ったのは、昭和五十四年、私が三十七歳、彼が二十六歳のとき。私が初めて自費出版した『であい―平凡の充実―』に彼が出会い、私が彼から長い手紙をいただいたときに始まる。

彼は拙著『であい―平凡の充実―』を読んだときのことを、「私の教育に対する常識的見解が木っ端微塵に破壊された日となった」と記している。（本書二百五十九ページ）

そのような衝撃的な内容が、私の『であい』の中にあるとは、今も私には到底思えない。彼が勝手にそう感じただけである。彼の私に対する美しい誤解である。

しかしながら、その誤解が二人を出会わせ、今日に到るまで四十年間、友として、同士として、共に教育の旗を掲げて歩んでこれたのだから、『であい』を通して出会った、この不思議な「であい」に感謝せねばなるまい。

今思えば、『であい』は私の二十歳代を中心とした教育実践の赤裸々な記録である。子どもに惚れこみ、子どもを教え、子どもに学び、子どもの限りないやさしさに感動し、この子たちの足跡を記録せずにはいられない気持ちでまとめた、一青年教師の殴り書きにすぎない。

平松先生が、なぜ衝撃を受けたか、それは私のあまりに無鉄砲で、一本気の情熱だけが取り柄のやくざな教師の実践が、眩しく見えたからであろう。

私も若いが故に求めていた。平松先生も二十六歳「教育実践」の学を求めていた。二人の若さという生理の必然にしたがって教育の理想の火を燃やすいのちが交錯し、スパークしたからだとも思えてくる。いや、私を遥かに凌ぐ平松先生の求める心が感応し、私を出会わせてくれたのである。

そのことが、ありがたいのである。

四十年前、平松先生からいただいた手紙を探したが見つからない。一読し、私は生涯の友を得たと思った。

ここにホンモノの教師がいる。誠実に子どもと関わり続ける教育愛にあふれる青年教師がいると直感した。そして、私にはないものを平松先生は持っているが故の、彼への期待に胸を膨らませたのである。

このときの気持ちはうまく言えないが、平松先生なら、私の長年の夢であった「教育学」への疑問を解き明かしてくれるのではないかといったものである。

すでに私は、教育学への疑問を『であい』のなかで、次のように述べている。

「(中略)多くの教育雑誌を読んで味気なさを感じることが多い。そこに生きて変容する生徒がいないからである。

私は教育学という言葉が嫌いである。教育という営みは、科学と、そしてもっとどろどろした人間の詩とが合致したところに求められるものだと、私は思うからである。」(拙著『であい―平凡の充実―』初版昭和五十四年版「はじめに」より)

また、私は別のところで、次のように述べている。

「(中略)教育学の本にはオリジナリティーがない。心理学に教育を付ければ教育心理学に、哲学に教育を付ければ教育哲学になる。つまり、過去の優れた人文科学を援用・応用して教育学が出来上がったのではないか。(中略)

教育学(教育科学)が学として名乗る以上、それは教育の学問であり、人文科学であるとするなら、体系（システム）がなければならず、法則性を求めるものでなくてはならない。教育学にももちろん若干の理論はあるが、それらを総合化し体系化したものはない。

むしろ教育理論を突き崩す多くの事実に振り回されているのが、学校現場の実態ではないのか。私の言葉を使えば、教育は哲学と芸術のあわいにあると思うのである。（後略）」（拙著『ふるさとが好き 人が好き』平成二十二年刊「まえがき」より）

世に「知・情・意」という言葉がある。平松先生と私とを比較したとき、「情」の教育では、お互い自負するものを持っている。しかし、私には「知」や「意」において彼には敵わないと、手紙を読んで思ったのである。彼の明晰な文章表現力、筋道の立った考え方に私は敬服したのである。彼ならホンモノの教育学を打ち立ててくれるに違いないと、そのとき私は確信したのである。

「知・情・意」を全て備えた平松先生ならばこそ、私のいう抽象的な表現になるが、「教育は哲学と芸術のあわいにある」ということ、教育という営みは、「科学と、そして、もっとどろどろした人間の詩とが合致したところに求められる」という世界を見事に具現化した教育学を構築する人材だと直感したのである。

ちなみに「直感」を『広辞苑』で引いてみると、「説明や証明を経ないで、すぐに物事の真相を感じ知ること」とある。四十年前の平松先生からいただいた手紙を読んだときの私の直感は正しかった。私もたいしたものである。

なぜなら、平松先生から届いた『子どものそばにすべてがある』の原稿の全てを読み、全ての原稿に、私の求めていた教育学が展開されていたからである。教育実践と教育理論の見事な融合といえばよいのだろうか。

「子どものそばにすべてがある」と念じて、子ども一人ひとりを温かい眼差しで包み込み、子ども一人ひとりの思いや願いをくみ取り、その実現を図ってゆく平松先生の揺るぎない教育実践が、彼の幅広い豊かな教育理論に裏打ちされ、検証され、私たち学校現場の教師が、「かく取り組むべき」方向性までそっと提示してくれている。新しい教育学の本が誕生したのである。私は快哉を叫ばずには、いられないのである。

そしてさらに嬉しいのは、どのページにも人間としての平松先生が存在していることである。教育に関する著作には、著者の姿が見えないものがほとんどである。著者の顔の全く見えない本を出す理由が私にはわからない。

また、この本には、子どもの、生きて変容する姿が鮮明に描かれている。教育論文には、データを重視し、そのデータを分析したものも多く見られる。データをいかに分析したところで、教育の正確性は把握できても、真実性は捉えられないと私は思っている。なぜなら教育は量では捉えきれない質の問題を多く含んでいるからである。

子どもの変容する姿、子どもの思いや願いなどの真実の心の叫びを、数量に還元することは決してできないのである。この本には、従来の教育専門書には見られない、生きて変容する子どもの姿が鮮明に捉えられている。

このことは、平松先生が教育学に精通した学者であることよりも、「子どものそばにすべてがある」と不退転の決意で子どもと関わり続ける教育実践者（教師）としての愛があるからである。

新しい教育学の誕生である。平松先生は「教育実践」の学、「教育実践学」と言っている。おそらく平松先生は、従来の教育学部のアカデミックな講義内容を総称した「教育学」と区別する意味で、「教育実践学」を提唱しているのであろう。

理論と実践が融合した創見に満ちた教育実践学の本を、この本以外に管見では見つけることができない。

「知」の術を採り、「情」の心を磨き、「意」の道をひたすら歩んで来た結果が、この『子どものそばにすべてがある』である。

平松先生から届いた原稿（原稿といってもパソコンで打ち出された四百頁余りの論文やエッセイ）を、貪るように読んだ。

「金本先生、二百ページほどに削ってください。」

「平松先生、まず、読ませてください。やっと先生の本ができるんだね。」
二、三日すると彼から電話がはいる。
「金本先生、どの文とどの文を削ったらいいですか。」

「先生、削る文はない。全て載せるべきです。」

そんなやり取りのうち、また彼から新しい原稿が届く。最初読んだ原稿の四分の一ほどが削除され、新しい論文等が編入されている。

「金本先生、思い切って削除してください。二百ページ程度のコンパクトな本にまとめたいんですから…。」

「平松先生、削除すべき文はない。全て載せるべきです。先生の社会科に関する論文だって一冊の本になるでしょ。『いじめ』に関するものだって一冊の本になるでしょ。だから私は何回も平松義樹著作集として刊行すべきと言ってきたでしょ。」

彼のパソコンには、厖大な数千ページに及ぶ論文や教育に関するエッセイが詰まっているはずである。彼が精選してきた三百ページ弱。精選をいうより割愛とでもいうべきだろう。彼はおそらく思いの詰まった文を、泣く泣く絞って二百六十三ページにまとめたのである。何で私が削れようか。私は彼との四十年を超える付き合いの中で、彼の思いや願いを少しはくみ取ることかできるが故に、彼のそのときそのときに表出してきたかけがえのない文を削ることができないのである。

結局、私はどの文章を削除すべきという具体的な提言もできないままでいた。彼自身が精選し、割愛して残った最終原稿が届いたのは、五回の原稿のやり取りがあった後であった。その間、私は、千ページ近くの彼の原稿（四百字詰め原稿用紙に換算すれば二千枚ほど）を読んだことになるだろうか。

削りに削ってでき上がったこの『子どものそばにすべてがある』の本文の中で、私は平松教育実践学のスタートというべき「へき地教育―生活指導における石墨試行とその課題―」をまず取り上げてみる。

彼の最初の教育実践論文。彼が新任教師として石墨小学校（現在廃校。へき地三級の小規模校）に赴任したときの実践記録である。

詳細なことは本文にあるので記さないが、平松先生は「先生、Tさんのそばによると、とってもくさいんです。今日なんか、体育のフォークダンスの時、手をつなぐのがいやでした」という日記に衝撃を受ける。

昭和五十二年のことを記した記録であるが、へき地小規模校にも、いじめは存在するのである。

平松先生はいじめを解消する具体的な手立ての一つとして、T子の鼻をつく強烈な体臭をなくすため、汗ふきタオルを半分に切り、頭から被るトレーニングシャツ（石墨トレーニングシャツ）を発明する。そのシャツを主に体育の時間に、学級の児童、さらには全校児童に着用させ、洗濯の習慣化を図る。そのことでT子の体臭も次第に消え、T子へのいじめも解消していくという記録である。

私はこの記録を涙なくして読むことはできないのである。

例えば私には、平松先生が汗ふきタオルを半分に切り、夜遅くまでミシンを踏みながら、運針しながらトレーニングシャツを製作している姿が眼前に浮かんでくるのである。すると、もういけない。本文にある石墨小の子どもたちの写真姿の表情がダブり、涙腺が緩むのである。

また、T子のためとはいえ、自分の学級だけではなく、石墨小学校全体にトレーニングシャツを広めていく過程を私は想像してみる。学校の教師集団が全て、良い方向に化学反応を起こしたとは考えられない。家庭や地域においても、おそらくいろいろな拒絶反応もあったであろうことが推測される。

学校で一番若い新任教師が、学校を変え、地域に働きかけ、T子へのいじめ解消のため、そして基本的生活習慣の確立を図るなど、学校文化の質を高めようと風を起こしたのである。ギクシャクした人間関係が起きないほうが不思議である。

世に人間関係ほど難しいものはない。しかし、その醜い陰の部分を彼はあえてこの論文では捨象し、記そうとはしない。

ただ、この論文の「おわりに」で次のように記すのみである。

「ある先輩教師が、私たちの実践に対して、

『君たちは、そんなことまでしないといけないのかね。母親に注意すれば事足りるんだよ。』

と言われた。

『否。』

と、答える。

子どもと対峙して、彼らの健やかな将来を願わない教師は一人もいないだろう。その子のためになることなら、親、教師の分け隔てなく、『やれることをする。やるべきことをやる。』のが、私たちへき地に生きる教師の姿ではないだろうか。父母が家庭における親であると同時に、教師は、学校における親なのである。」（本書四十三ページ）

私はこの「否」のところで、不覚にも涙をこぼしそうになる。

この「否」は、平松先生の「子どものそばにすべてがある」教師の覚悟を宣言した言葉であるが、その「否」と言いきる毅然とした表現の背後に、彼の苦渋の表情を私は思い浮かべ、涙が滲むのである。

平松先生は、石墨小だけでなく、松山に帰った大規模校の石井東小、南第二中でも新しい風をおこす。風が吹けば波が立つ。その諸々の波を受けて立つのが「否」という毅然とした表現なのである。

私が涙せずにいられない論文をあと一つだけ挙げさせていただきたい。

「生徒指導における全校体制づくりの方策とその課題～研修通信『0発進』を通して～」の論文である。（本書百十一～百二十二ページ）

この『0発進』は、平松先生が南第二中で研修主任となった平成四年度、四月六日から二年間、一日も欠かさず出し続けてきたものである。

私は彼から二年間分の『0発進』をコピーしたものをいただいた。

平松先生は、この研修通信『0発進』を毎日出すことで、生徒指導における教職員の共通理解を図ろうとし、その実践を通して「『継続は力なり』を実感するとともに、五十三名の教職員も一枚岩になれるのだということを学ばせていただいた。」と総括している。（本書百十一ページ）

二年間出し続けたものを、文章にこうしてまとめることはたやすいかもしれないが、実際に学校開校日に一日も欠かさず『0発進』を発行し続けることは凡人にはできない。平松鉄人教師にして初めてできたことである。

私は学級担任のとき「学級通信」を発行したり、勝山中教頭時代には「風通信」を発行してきた。しかし毎日は続かなかった。毎日発行するためには、続けるための不退転の決意、持続する強い意志がなくてはいけない。そして何より発行に値する価値ある教育情報を毎日書き続けなくてはならないものである。私は早々に脱落した。

平松先生は、B４判にビッシリ手書きの情報を書き続けてきたのである。それを毎朝、職朝までに全五十三名の教職員の机上に配布し続けたのである。私は彼からいただいた二年間の『0発進』（最終号は平成六年三月二十五日、四百号）をめくり、改めてこの論文に目を通すとき、涙することを禁じ得ないのである。

また平松先生は、第二部で、石井東小では素人監督ながら、「ライオンカップ小学生バレーボール県大会」で優勝、そして南第二中では、ノックすらまともにできない監督ながら、「四国中学校軟式野球大会」で優勝してしまったことなどを、面白おかしく書いている。この二話だけでなく、全てが「嘘みたいな話」であるが、全て「本当の話」なのである。本当の話であることを、私は彼との付き合いで知っているから、私はこの『子どものそばにすべてがある』を笑えないのである。

「嘘みたいな本当の話」を書くに至った彼の教師生活で、彼はいったい、人知れぬところで、どれだけの汗と涙を流してきたのだろう。

つまらない周囲の雑音は「否」ときっぱり切り捨て、ひたすら子どもの思いや願いの実現のために新しい教育の風を吹き起こす彼の教育実践を記した論文、エッセイを、私は襟を正して読む。

あと蛇足ながら、二つの事実を付け加えてペンを置きたい。

一つは六十六歳にいたる先生の四十三年間の多様な教職生活について。

へき地小規模校と都市部大規模校、両方の勤務経験があること。

小学校と中学校、両方教諭として勤務した経験があること。

日本最初の教員大学院（兵庫教育大学大学院）の第一期修了生であること。酒席ではあったが、大学院教授の星村平和先生から「平松君ほど勉強した院生はいない。成績も一期生ではトップだった」と聞かされたことがある。

小学校勤務時代にはバレーボール県大会優勝、中学校勤務時代には四国軟式野球大会で優勝するなど、教育課程外の活動でも多様な経験があること。

松山市教育委員会指導主事、愛媛県教育委員会松山（現中予）教育事務所指導主事としての教育行政の経験を併せ持っていること。

愛媛大学教育学部教授として、大学と小中学校現場とに教育の橋を架け、その交流に尽力されたこと。

等々、平松先生の多様な体験が、彼の豊かな幅広い学識によって経験として意味付けられ、その経験が交響し合い、彼の教育実践学が構築されてきたのであろう。その豊かな結実を、第六部の講演記録「教えること、育てること、そして、愛すること～教師として生きる『覚悟』を問う～」に、私は見るのである。

もう一つ。彼の教育実践学の根底には、彼のお父さんのいのちが流れていることを指摘しておきたい。

私事にはなるが、平松先生の父君・平松義晴先生が中島南小学校長として在職されていた（昭和五十一年四月～昭和五十五年三月）ことに触れておきたい。私の長男・長女が大変お世話になった。校長先生は昭和五十五年三月の卒業式の後、卒業生保護者の前で眼を真っ赤にしながら、「この子たちを中島中に送りたくない。せめて、もう一年でも一緒に学びたかった。ほんとうに成長してくれました。嬉しいけど、寂しいです。おめでとうございます。」と挨拶されたそうだ。その年は長男・茂樹の卒業式であり、家内も出席しており、帰ってきて感激した面持ちで、

「ほんとに、いい校長先生だったね。茂樹たちは幸せだったね。」

と、私に語ってくれた。

平松校長先生の「この子たちを中島中に送りたくない」という表現に、私は平松校長先生の教育愛を思うのである。手塩にかけて育てた我が子が嫁いだり、社会人として旅立ってゆくときの父親の心境といったらよいのだろうか。平松校長先生にとっては、中島南小学校が家庭であり、教職員や児童たちは家族であり、校長先生自身は学校の父親だったのである。平松先生のお父様（平松義晴先生）は、そんな先生だったのだ。

中島南小学校が閉校するとき、私は閉校記念イベント実行委員長を務めており、是非今は亡き平

松義晴先生に閉校式に出席していただきたくて、平松義樹先生に案内状を差し上げた。義樹先生がお父様の遺影を胸に抱いて出席してくださった。

私は平松義樹先生が石墨小で石墨トレーニングシャツを発明し、普及させ、T子へのいじめ解消に努めていたとき、先輩教師の「母親に注意すれば事足りるんだよ。」の言葉に対し、毅然と「否」と答えると言い放った教育愛を想起せずにはいられない。平松義樹先生にとっても、お父様と同様石墨小の子どもたちは、自分の子どもだったのだ。先生は学級の子どもたちの父親だったのである。

平松先生もお父様のように、石墨小でT子と出会い、T子の学校の父親となることを誓ったのである。

先生が国家公務員試験の上級試験（いわゆるキャリア試験）に合格したにもかかわらず、毅然と「子どものそばにすべてがある」と子どもと共に生きる覚悟を決めて四十有余年、先生と出会った子どもたちが織りなしてきたシナリオのない感動のドラマの数々、その教育実践の「広くて、深くて、まじめな世界」に学問的考察を加えて本書は成った。

今までに例を見ない、生きた子どもと教師が厳然と存在する人間「教育実践学」の誕生を、私は祝わずにいられない。

平松先生、畏友平松君、おめでとう。

私の念願が叶ったのである。

おわりに

『子どものそばにすべてがある』を終わります。

「教育実践学」を構築したい。「教育実践学」とは、どのような学問なのか？ 教育実践を「学」として構築するにはどのようにすればよいのか？ 「問い、考え、行動する」四十三年間の教職生活でした。拙い実践であり文章ですが、「これが教育実践学の本だ」と恥ずかしながらまとめてみました。これまでにも出版の話はいただいていましたが、自分の中で「教育実践学」の「かたち」が見えていなかったので断り続けていました。しかしなんとか「これがそうではないのか」という域に到達したので出版に踏み切った次第です。

「教育実践学」とは、この物語の「全て」です。だから、「全て」を読んでいただき、そこから「芽生えたもの」、それこそが、みなさんの中にある「教育実践学」なのかもしれません。「教育実践学」に「学としての公式」はありません。学問としての学術的アプローチも一様ではありません。この本を読まれたみなさんが、「私の教育実践学」を創り上げてくださることを願っています。もしこの本が、そういうお手伝いをさせていただくようになれば望外の幸せを感じます。

金本先生が『ふり返れば未来』と『であい』の再版を出された時に、私は「推薦文」を書かせていただく機会をいただきました。

金本房夫先生は元松山教育事務所長、私は教育指導課の指導主事という上司と部下の関係ですから、お断りしたのですが、金本先生は「平松先生に書いてもらいたい」と何度も口説かれ続けられ、要請をお受けした次第です。

『ふり返れば未来』では、金本先生の「教育論」を金本語録から抽出しまとめさせていただきました。『であい』では、金本先生と私との摩訶不思議な関係を書かせていただきました。

最後に、それを掲載させていただきます。

金本房夫先生あっての拙著『子どものそばにすべてがある』ですから。

金本房夫著『ふり返れば未来』の推薦文

平松　義樹

「兄イ」との三つの『であい』

「金本様」、「金本殿」、「金本先生」、「金本先輩、「金本さん」…

「この男」につける敬称が、見つからない。軽々しく常識的な敬称で呼んでしまうと、「この男」の生きてきた実像に迫ることができそうにない。「この男」は、「教師としての実践を積んできた誇りを抱き、毅然とした生き方」（①）をしてきたのである。「子どもと共に汗を流してきた」（②）と自信をもって言い切ることができるのである。「この男」に「先生」とか「先輩」という語句を付加したとたん、その実像が見えなくなりそうな、そんな恐れがある。それぐらい「この男」は、しなやかで、豪胆無比の確かな教育実践を積み上げてきた「男」なのである。彼自身の内面に燃えたぎっている命の根っ子…それはなんとも「摩訶不思議な世界」なのだが…。ここにボクは学びたい。

豊かな社会における公教育の在り方が問われている現在、「この男」の実践を認めたエッセイの一編一編に、ボクたちが忘れてはならない教育の本質的なもの、私たちの進むべき方向性がいくつも満載され、示されている。まさに『ふり返れば未来』である。

「この男」は、これまでボクの人生に多大な影響を与え続けてきた。ボクの人生の半分は、「この男」の虜となり、心は占領され続けてきたと言っても過言ではない。ボクは、「この男」にまいっている。「この男」にまるごと惚れている。これは紛れもない事実なのだ。奥様のナツミさんが嫉妬するぐらいボクは「この男」に惚れている。

ボクは、これまでに、何度も「この男」に挑んできた。教師として、人間として、彼の域に迫りたい、彼を乗り越えたいと、常に自分を磨いてきたつもりである。いつの日か、「この男」のようになりたい、「この男」をいつか乗り越えたいと願い、自分を叱咤激励しながら生きてきた。しかし、いつも「この男」は一歩先を、スマートに、しかも端然と歩いていた。社会科教師としても、部活動指導者としても、教育行政マンとしても、そして、人間としても…。愛媛の教育界にあって「この男」のような人物は二度と生まれてこないような気がする。

また最初の「問い」が頭をもたげてきた。愛すべき「この男」を何と呼ばせていただこう。そうだ！「金本兄イ」と呼ばせていただこう。「兄貴」では通俗的だし、「兄君」では格式張っているし、「兄御」では「この男」とボクの距離感が大きくなってしまう。ボクの「この男」に対する眼差しを「尊敬」なんて言葉に置き換えては、浅薄な安っぽい関係でしかなくなってしまう。「この男」とボクとの関係の真実性が語れなくなる。「尊崇の念」にしても同じである。やっぱり「惚れている」のである。「この男」とボクの関係は、言葉には言い表せない、運命の赤い糸で結ばれた脈絡の中でしか語れそうにない。

「金本兄イ」が本を出すという。本のタイトルは『ふり返れば未来』。なんと繊細でいて、鋭敏な言語感覚。この言語感覚は、「兄イ」の読書量の多さによって研ぎ澄まされてきたものに違いない。

「兄イ」から「序文を書いてほしい」との便りが届いた。その中に、

むかしは今につながり、今は明日につながります。

私はいつも、先人たちの不易なるものをふり返ると未来が見えてきたような気がします。


とあった。

これまでにも、『生き方の教育』『碧地に吹く風』『心が押し出す涙』など、「兄イ」から数多くの名著が世に出され続けてきた。ボクは、これらの書物にどれほど心酔したことだろう。どれほど教育のロマンを感じてきたことだろう。

「兄イ」は、さらに続ける。


先生と出会った頃から、平松先生に序文をお願いすることが私の夢でした。

どんなことを書かれてもいいです。文は長いほど、うれしいです。


「兄イ」の夢は、「ボク」の夢でもある。「ボク」の夢は、「兄イ」の実践に具現化される。

これから「兄イ」の心が押し出した結晶であるエッセイを読まれるみなさんに、「兄イ」とボクとの出会いを語らずにはいられない。

――「兄イ」とボクとには、三つの「であい」があった――

「兄イ」と最初に出会ったのは、ボクが二十六歳の時である。某大学院で教育実践学の構築に向けて研究していたときである。そのとき、ボクは偶然にも「兄イ」が書いた『であい』という本に出会った。一読して、強烈な衝撃を覚えた。もう一度貪るように一気に読んだ。身震いするぐらいな「感」がボクの全身を駆け巡った。その日は、ボクの教育に対する常識的見解が木っ端微塵に破壊された日となった。「これぞ本物の教育実践。これぞ自分が求め、探し、目指していたものだ」と。それと同時に、そういう実践家がわがふるさと愛媛にいるということにも大きな喜びを覚えた。

「教育実践学」が学問として構築されておらず市民権を得ていなかった当時、ボクは多くの実践家の資料を漁り、分析することに没頭していた。なんとしても教育実践を学問の世界に広げたいという野心をもって日々、研究に励んでいた。斎藤喜博の『島小の教育』、大村はまの『教えるということ』、東井義雄の『培其根』をはじめ、無名の実践家のガリ版刷りの指導案まで、全国至る所の実践を闇雲に読んでは、何か物足りなさを感じていた。そんなときに『であい』との運命的であり、今に思えば必然的な「であい」があった。「教育は感動である。そして感動は人の心の内にあるのではなく、むしろ人と人との間に存在するものである。」（③）と断言する「兄イ」の実践の数々には、「教育理論を実践に」という安っぽいベクトルの向きは全くなかった。純粋教育実践学とも呼べる深遠な、それでいて真摯な、教え営む姿が見えた。「教育は、子どもに近寄り、子どもを理解すると同時に、子どもを高いレベルに引き上げる営みであります。子どもと格闘し、子どもと対決して、早く『俺を乗り越えろ』と絶えず励まし、人間を育て上げる営みだと思います。」
④と「兄イ」は力説する。この精神に基づいた「兄イ」の生の実践は説得力があり、納得させられるものばかりであった。『であい』は、ボクに、「子どものそばにすべてがある」教育実践の神髄を教えてくれた。これは、ボクの教育実践を貫いているバックボーンになっている。ボクは、この本とであっていなかったら、サラリーマン教師に埋没していたかもしれない。『であい』を片時も離さず、ことあるごとに開いては、勇気とロマンをいただいて三十年を経ようとしている。

第二の「兄イ」との出会いは、四十八歳。松山教育事務所時代である。当時、ボクは指導課の指導主事として教育行政の一端を預かる仕事をさせていただいていた。その時、たった一年だけ教育事務所長として「兄イ」がやってきた。着任早々、「兄イ」から「『総合的な学習の時間についての指導マニュアル』を作成せよ、との命令が下された。「命令」なんて言葉は、「兄イ」には似合わない。真実は、次のとおりである。


「平松君、学校現場が『総合』の実践で困っている。義務教育課はまだ作成する予定がないようなので、ちょっとマニュアルみたいなものを作ってみてくれんかいのう。」

「所長、管内に配る冊子を作るには相当な予算がいると思いますが…。」

「金は心配せんでええわ。わしがなんとかする。」

「どうされるんですか？」

「うんうん。？？？、まあわしに任せ。」

なんと、数日後、

「平松君、冊子を作る金はなんとかした。ツクッテくれ！」

この常識破れの行動力には驚嘆した。「予算がないから何もしない」ではなく、「学校が困っている。自分にできることは何か」という発想なのである。学校現場を思う熱いパッションは、実践家である「兄イ」が若い時から培ってきたスタンスなのだろう。『であい』の中の若かりし「兄イ」とちっとも変わっていない姿に、ボクは嬉しくなり、よけいに惚れ込んだ。「兄イ」のこの行動力とパッションに応えるためには、よりよきものを学校に提供するしかない。ボクは五月の連休は、ずっとこの冊子づくりに没頭した。傑作とはいかないが、学校現場の先生方に一つの指針となるものは提供できたと思っている。

「兄イ」の常識破りな行動力とパッションは、少年のような無垢な「世界」から生み出されているものに違いない。「学校はいいところだ。生徒一人ひとりみんないい。」(⑤)と言い切る「兄イ」の心が押し出しているのだろう。

この年の十月頃、愛媛大学教育学部で教育実践学を講じる人間を公募する要項が届いた。前任者が定年退官したためである。もし「兄イ」が所長でなかったら、ボクの「いま」はなかっただろう。これは「兄イ」とボクとの運命の赤い糸が織りなした事件であるとしか考えられない。

「これに応募してみてもよろしいでしょうか?」

「おお、ええが。平松君が教師を育て、愛媛の教育を変えてみろ。やれる。やれる。出る杭は打たれるだろうが、出過ぎた杭は打ちようがない。やってみろ。」

「兄イ」の松山教育事務所長任期は、たったの一年である。この年だけなのである。その年に、教育実践を研究する人物の公募の機会が巡ってきたのである。この偶然の巡り合わせは、摩訶不思議な世界でしか語れない。「兄イ」が所長でなかったら、「応募してよろしいでしょうか」なんて言えていなかっただろう。

「兄イ」は、今、ことあるごとに、

「わしの事務所時代の最高の傑作人事は、平松君を大学に送ったことだ。」

と言ってくださっている。「兄イ」のご恩に報いるためにも、ボクは子どもや現場の先生方の応援団でいつづけたいと思っている。

「兄イ」が、転出する時、あの、事務所長時代に講話されたものをまとめた『よもだ通信』を置き土産にいただいた。これはもう教育論ではなく、人間論の域に達していた。

ボクは、今、大学で『よもだ通信』のパッションを学生に伝えている。

「兄イ」との第三の出会いによって、もう遥かにボクの及ばない世界に「兄イ」は生きているんだという確信を得た。乗り越えるどころか、「兄イ」を目標にしていることを口にするのもおこがましい「兄イ」の大いなるいのちが、そこにあった。

「火種のような校長であり続けたい。」⑥と言われ、実践を積み上げて来られた中島中学校の最後の年の文化祭にボクを呼んでくださった。「日本一の学校」が厳然としてそこにあった。斎藤喜博を超えた教育実践家「兄イ」が、校長として各先生方と助け合い見事に「日本一の学校」を創っていた。あの多感な時代に生きる中学生の瞳がどの子も輝き、命の根っ子を伸ばしていた。感動なんて言葉では表現できない魂の震えを覚えた。ダンボール文化祭、お化け屋敷、ゲーム大会、お楽しみ会等の低俗な文化祭が横行する中学校の文化祭にあって、「兄イ」が創り上げた中島中学校は、本物の教育を実践レベルで見ることができるものだった。「学校行事でも教科の授業でも、子どもと安易に妥協せず、全力で取り組み、質の高い学校文化の創造に努めていきたい。」⑦と言い続けていた「兄イ」の血の通った最高傑作作品が、そこにはあった。

ボクは、若き日より教育実践を「学」として構築するために、さまざまな文献を読み実践を見て歩いてきたが、中島中学校の子どもたちの瞳や態度に接し、「これこそがボクが求め続けてきたものだ」という感を強めた。文化祭の最後にボクのスピーチタイムがあった。ボクは、中島中学校の子どもたちに負けないように胸を張って、「ここ中島中学校は日本一の学校です。」と語った。会場である体育館には、保護者や地域の方々もかなりおられたが、その瞬間、時が止まったかのようにシーンと静まりかえった。ここ中島に生きる人たちが「日本一の学校」を味わった瞬間であったのかもしれない。

「兄イ」のその後は、まるでスーパーマンである。中島町の教育長として、中島町に歌手坂本冬美を呼び、地域の人々に勇気を与えた活動は特筆される。ふるさとの漢字に「古里」や「故郷」をあてるのではなく「新里」という字を当てはめたいという「兄イ」の精神は、「古い里を偲ぶだけではなく、現在住んでいるこの地域を振興しよう、再生させようとすべきだと思う」(⑧)である。坂本冬美がやってきた日は、松山市との合併で、奇しくも中島町の名がなくなる日でもあった。

「ふるさとを愛し、ふるさとに誇りを持ち、一日一日を新鮮な眼でみつめ、生きていることのありがたさ、懐かしさに感動する、そういう人が存在すること自体が、一つの文化と言ってもよいのである。」(⑨)と、「兄イ」は、今も中島をこよなく愛し続けている。中島文化の創造者である「兄イ」がいる限り、中島町という名は消え去っても、人々の心に熱く燃え続けていくことだろう。「兄イ」は、優れたエンターテイナーだ。これほど人の心の襞をくすぐることのできる演出家は、彼をおいて他にいない。

「兄イ」がボクに『生き方の教育』を贈ってくださった時の便箋に、次のような文が添えられていた。


島にいつづけると、かえって、教育全体の動きがよくわかるような気がします。ボクは、生涯、碧地（島）を動かないつもりです。そんな教師が、少しはいてもいいと思っています。若い平松君に期待するもの、切なるものがあります。愛教研も、もっと若い教師に研修会の場や活動の場を与えなくてはいけないと、いつも思っています。このままでは、ダメです。しかし、こんなこと、言っても、愚痴になってしまって、結局、自分の学校で、何ができるか、日々の歩みしかないですネ。

お互い、がんばって、いきましょう。


ここに「兄イ」の生き方が凝縮されている。

「兄イ」を育てた中島の風土とご両親。先日、「兄イ」を慈しみ立派に育てられた御母堂様が亡くなられた。この『ふり返れば未来』は、お母様への「兄イ」の鎮魂歌でもある。

この序文を依頼された便りの中に、さらに、次のような「兄イ」の文字が並んでいる。


日赤で、母が亡くなり、母を特船で島に連れて帰るとき、突然、句が、浮かんできました。

「波よ眠れ母のなきがらふるわすな」

「瀬戸内は満天の星母が逝く」

「瀬戸内をふるさとにして赤とんぼ」
「島夕陽母は再び見ることなし」

「兄イ」のこの母を慕う気持ちは、この『ふり返れば未来』の「人の心を教えた母の涙」（⑩）で綴られている。なんとすごいお母さんなんだろう。「兄イ」のいのちの泉は、お母さんが大切に育んだものに違いない。母たるものかくありたし。

　この世で、「兄イ」と出会わせてくださったお母さんに、心から感謝したい。ありがとうございました。安らかにお眠りください。

　今、学校をめぐるさまざまな課題が続出している。公教育としての学校の存在が問われている。そんな中、「兄イ」の造語である『苦っ楽しい学校』像（⑪）は、教育に携わっている者だけでなく全ての人の目指すべき教育の方向性を示していると思う。「子どもを決して王様にしてはならない。」（⑫）、「厳しさの中で育つ優しさ、優しさの中で奮い立つ厳しさに耐える心。うわべだけの優しさだけで子どもが育ったりするものか」（⑬）。
「兄イ」の力説するごとく、「目を見て語ろうとしない臆病な親や教師、『重たい現実』や『瞳の色の真実』を語り合うことで、傷つき合うことを恐れる親や教師になってはならない。子どもの容赦のない凝視に耐えながら、自分を飾らず、決して逃げず、まともに子どもに向き合い、目を見て語ることのできる親や教師」(⑭)が一人でも多くなることを祈っている。

ボクは、「兄イ」の夢を受け継ぐべく、そのような教師を一人でも育てていきたい。すべての「であい」に感謝しながら、今日という日を、しなやかに生きてゆきたい。

[文中の番号は、『ふり返れば未来』のエッセイの中に出ています。]

① 「阿久悠の歌詞から教育を考える」
② 「額に汗して働くこと」
③ 「教育とは感動である」
④ 「自分を出す教育」
⑤ 「たかが部活、されど部活」
⑥ 「手記に記しことより」
⑦ 「教育とは感動である」
⑧ 「碧地の島・中島　こころひとつに」
⑨ 「感動名人」
⑩ 「人の心を教えた母の涙」
⑪ 「碧地の島・中島　こころひとつに」
⑫ 「自分を出す教育」
⑬ 「教育とは感動である」
⑭ 「阿久悠の歌詞から教育を考える」

金本房夫著『であい』（再版）の推薦文

平松　義樹

「良樹細根・大樹深根」

私は福山雅治の「道標」が大好きである。

「愛に出逢い、愛を信じ、愛にやぶれて、愛を憎み、愛で赦し、また愛を知る。風に吹かれ、迷いゆれて、生きるこの道。…人に出逢い、人を信じ、人にやぶれて、人を憎み、人を赦し、また人を知る。風に吹かれ、泣いて笑い、生きるこの道」

人生、愛と人との「であい」の連続である。この名著『であい』は、私の心のふるさとであり、金本房夫先生との「であい」は、私の人生の宝である。

「『であい』を復刻してください。」

金本先生とお会いする度に、何度もお願いしてきたことが、ついに現実となった。「教育環境が三十年前とは比較にならないぐらい変化している。子どもや保護者が変わっているのに、この本が役に立つとは思わない。」と何度も固辞され続けてこられた先生を、ついに説き伏せることができ、「夢」が「現実」のものとなった。先生の深い愛を感じずにはいられない。『であい』が再び世に出るのである。こんな嬉しいことはない。

金本先生は、この『であい』をハイデッガーのいう「空語・空談（Gerede）の世界ではないかと思い、虚しい気持ちになる。」「あまりにも私が桃太郎になっていないか、生徒たちがサルやキジになってはいないか、そのことが気がかりになる。」と危惧されておられますが、この『であい』には、そのような危惧はまったく当たりません。「道標」の歌詞にあるように、本気で生徒を愛し、本気で生徒を育てあげた、本物の教師が『であい』の中にはいます。福山雅治のお祖母さんは、ご主人を早くに亡くされ、長崎のミカン畑で生計を立てたそうです。そんなお祖母さんに、福山雅治が「ゆっくり休んで」と伝えたところ、「畑が呼んでいる」といって畑に向かわれたエピソードがあるとのこと。「私はその手が好きです」という歌詞で始まる「道標」は、福山雅治がお祖母さんへの「尊敬と愛情」を込めて作った歌なのです。

『であい』は、人間教師である金本房夫先生の生きざまそのものが綴られています。『であい』を綴られた金本房夫先生の「その手」が、私は好きです。

冒頭の標題の言葉は、鍵山秀三郎氏の『凡事徹底』という本に載っているものです。

四十年近く金本房夫先生のそばに寄り添いつつ、その生きざまを「尊崇の念」で見つめさせていただいた私が、金本先生から学ばせていただいた人生哲学そのものかもしれません。良い樹は、必ずしっかりした根が地中深く広く根を張っているものです。根が生きている限り、樹は大樹として伸びていきます。とかく私たちは、地上の目に見える樹の美しさばかりに心を奪われがちですが、私たちはもっと目につかない地中の根を磨かなくてはならないのではないでしょうか。人目につく言動のみを気にかけるのではなく、人目につき難い資質や能力、人格、気配りの在り方を磨き続けてこそ、大樹としての人生を歩めるのではないでしょうか。『であい』の中には、教師の細根深根が伸びています。

「平凡なことを非凡に努める」ことをやり通して来られた金本先生は、『であい』の中で、次のように語っておられます。

「教育することはできぬ…ほんとうは、そんな資格のある教師なんていないんだが…教育しなくてはいけない。そこには深い裂け目がある。それは永遠に埋まるものではないだろう。しかし、居直っていうならば、それでいいのではないか。私たちにとっては、過程こそ大切なのだ。できあがった確固とした教育など、私は欲しない。

矛盾に引き裂かれ、危険極まりない仕事だが、それ故にこそ生きがいもあるのではないか。生徒と接する一刻一刻を、人間として勝負できる、一人の人間でありたいと私は思う。（中略）大切なのは、人間を恐れる謙虚さと、対決しぬく勇気なのだ。」と。

この『であい』に出会ったのは、私が二十六歳の時でした。某大学院で教育実践学の構築に向けて研究していたときです。一読して、強烈な衝撃を覚えました。もう一度貪るように一気に読みました。身震いするほどの「感」が私の全身を駆めぐったのを覚えています。その日は、私の教育に対する常識的見解が木っ端微塵に破壊された日となったのです。その日の日記に、私は次のように記しています。

「『生徒と接する一刻一刻を、人間として勝負できる、一人の人間でありたい。』本物の教育実践をしている人でないとこんな言葉は吐けない。これぞ自分が求め、探し、目指していたものだ。できれば、金本房夫先生にお会いし、学ばせていただきたい。」と。

教育実践学が学問として構築されておらず市民権を得ていなかった当時、私は多くの実践家の資料を漁り、分析することに没頭していました。なんとしても教育実践を学問の世界に広げたいという野心をもって日々、研究に励んでいました。斎藤喜博の『島小の教育』、大村はまの『教えるということ』、東井義雄の『培其根』をはじめ、無名の実践家のガリ版刷りの指導案まで、全国至るところの実践を闇雲に読んでは、物足りなさを感じていました。そんなときに『であい』との運命的であり、今にして思えば必然的な「であい」があったのです。「教育は感動である。そして感動は人の心の内にあるのではなく、むしろ人と人との間に存在するものと思っている」と断言される金本先生の実践の数々には、「教育理論を実践に」という安っぽいベクトルの向きは全く見られません。純粋教育実践学とも呼べる深遠な、それでいて真摯な、教え営む姿が見えます。「教育は、子どもに近より、子どもを理解すると同時に、子どもを高いレベルに引き上げる営みであります。子どもと格闘し、子どもと対決し、はやく『俺を乗り越えろ』と絶えず励まし、人間を育て上げる営みだと思います」と金本先生は力説されます。この精神に基づいた先生の生のご実践は、説得力があり、納得させられるものばかりでした。『であい』は、私に「子どものそばにすべてがある」教育実践の真髄を教えてくださいました。これは、私の教育実践を貫いているバックボーンになっています。私はこの本と出会っていなかったら、サラリーマン教師に埋没していたかもしれません。『であい』を片時も離さず、ことあるごとに読み返しては、勇気とロマンをいただいてきました。

この『であい』を、一人でも多くの先生方に読んでいただきたいというのが私の夢でした。なぜなら、これを読まれた先生方は、きっと「いまの自分でいる」ことに恥ずかしさを感じられることでしょう。一歩でも、自分のいのちの根を伸ばすために、新たな歩みを始めたいと思われるはずです。「研究をせず、子どもと同じ世界にいない先生は、まず『先生』としては失格だと思います」の大村はまの心境が実感として理解できるでしょう。私がかつてこの本を手にしたときの衝撃を、全ての先生方に感じていただきたいと思います。教育の困難な時代にあって、『であい』は、私たちの教育実践の「道標」となるはずです。

今、学校をめぐるさまざまな課題が続出しています。公教育としての学校の存在が問われていま